지역사회권은

우리가 어떤 장소에서 게 살고 싶은지를

구체적으로 생각하는 것이다.

地域社会圏主義

山本理顕
Riken Yamamoto

마음을 연결하는 집
地域社会圏主義

2014년 6월 3일 초판 발행 · 2024년 3월 26일 4쇄 발행 · **지은이** 야마모토 리켄 외 · **감수** 성상우 · **옮긴이** 이정환
펴낸이 안미르, 안마노 · **기획·진행** 문지숙 · **편집** 최은영, 민구홍 · **디자인** 네우시토라 · **한국어판 디자인** 안마노
영업 이선화 · **커뮤니케이션** 김세영 · **제작** 세걸음 · **글꼴** SM3신신명조, SM3태고딕, Garamond Premier Pro, Futura

안그라픽스
주소 10881 경기도 파주시 회동길 125-15 · **전화** 031.955.7755 · **팩스** 031.955.7744
이메일 agbook@ag.co.kr · **웹사이트** www.agbook.co.kr · **등록번호** 제2-236(1975.7.7)

ISBN 978.89.7059.743.0 (03610)

마음을 연결하는 집

더불어 사는 공동체, 지역사회권

야마모토 리켄 외 지음

성상우 감수

이정환 옮김

안그라픽스

다시 마을을 짓다: 집과 삶을 바꾸는 '지역사회권'

일본은 한국보다 한 15년 앞서간다고들 한다. 근대화는 애초부터
글로벌 차원에서 진행된 것이고, 문화적으로는 매우 대조적인
특성을 보였던 일본과 한국이 사실상 매우 비슷한 과정을 거치는
것을 보면 새삼 그 점을 확인하게 된다. 점점 자기 속으로 숨어드는
우리들의 모습에서부터 후쿠시마 사태와 세월호 사태를 다루는
두 국가의 모습에 이르기까지 참으로 비슷한 모습을 보게 된다.
그리고 그 '따라잡는' 기간은 점점 앞당겨지고 있다.

　　이 책 『마음을 연결하는 집』은 일본의 주택과 주거양식의
변화를 통해 사회의 패러다임이 근본적으로 바뀌고 있음을
보여주고 있다. 저자 야마모토 리켄은 이 책에서 일본 주택정책의
근간을 이루었던 '1가구 1주택' 체제에서 벗어나 '지역사회권'으로
전환할 것을 촉구하며 그간 해온 작업들을 소개한다. 그에
따르면 '1가구 1주택' 정책은 하나의 사상이자 체계인데, 모든
사람이 가족구성원으로 한 주택에서 모여 사는 것을 전제로 한
국민국가 형성기의 정책이다. 이는 전후 폐허를 딛고 어른 아이
할 것 없이 모두가 좀 더 풍요로운 미래를 위해 열심히 노력하던
시절에 출현한 정책이고, 가족의 사생활 보호와 안전이 이 정책의
핵심 내용이었다. 경제성장기를 지나 경제쇠퇴기와 가족해체가
역력해진 지금 그 주택정책의 개혁은 미룰 수 없는 과제가 되었다.
그는 1960년 도쿄 인구를 보면 가구당 평균 네 명, 고령화율은

10퍼센트였는데 2013년에는 가구당 인원 1.98명, 고령화율은 24.7퍼센트로 늘어난 인구학적 사실을 들며 불가피성을 강조한다. 가족해체와 노령화 그리고 갖가지 재난으로 사회안전망이 깨지는 상황에서 정책 변화가 시급한데, 일본정부는 주민을 위한 그 전환을 제대로 이루어내지 못했다는 것이 저자의 주장이다.

저자에 따르면 2000년 일본정부는 민간(시장)주택업자가 주택공급을 주도하는 방향으로 주택관련 법률을 개정했는데 이것은 주택정책이라기보다 경제성장정책으로서 '부동산의 증권화'만 부추겼다. 지난 10여 년 도쿄의 초고층 맨션화는 바로 이런 식의 투자중심의 주택정책이 빚어낸 산물로서 시장은 투자 가치가 높은 주택만을 지었고 이때 이들이 가장 중요하게 고려한 사회적 변수는 사생활 보호와 안전이었다. 현관 자동잠금장치와 인터폰 신분 확인, 철저한 방음장치 등을 갖춘 거대한 밀실 주택군을 만들어낸 것인데, 이는 사실상 후기 근대 내지 탈근대적 상황을 살아가는 이들의 욕구를 전혀 반영하지 않는 주택이었다. 그리고 이런 건축은 지역의 폐허화를 낳았다. 저자는 신자유주의적인 돈 중심주의를 넘어선 주민을 고려한 주택정책이 나와야 하는 시점에서 고려해야 할 점을 책 서두에서 명료하게 정리해주고 있다. 첫째로 주택은 더 이상 독점자산이 아닌 사회자본으로 인식되어야 한다는 것, 두 번째로 공급자의 이윤을 지켜주는 것이 목적이 아니라 그곳에서 생활하는 사람, 즉 주민들의 삶의 질을 높이는 목적에서 집을 지어야 한다는 것이다. 사생활 보호와 안전에 집착하면서 스스로를 고립시키는 건축이 아니라 개방성과 유연성이 확보되는 건축이어야 한다는 것이며, 저자는 이를 '지역사회권' 개념으로 소개하고 있다.

　　두 시스템을 좀 더 구체적으로 비교해보면 지역사회권시스템의 기본단위는 가족이 아니라 개인이다. 또한 1가구 1주택시스템에서는 주변환경과 지역사회에 무관심하다면 지역사회권에서는 그 변수를 매우 중요하게 고려한다. 1가구 1주택시스템에서 주택이 소비의 단위이자 국가 거시경제 단위로만 고려되었다면, 지역사회권시스템에서 집은 지역 내부 경제권으로 자체 생산적 역할을 한다. 두 시스템이 모두 사생활 보장과 보안을 중시하지만 전자가 이를 기술적으로 해결하면서 고립된 주택을 지었다면 후자는 그곳에서 생활하는 사람들이 자연스럽게 상호작용하면서 풀어가는 사회문화적 방법을 채택한다. 기본적으로 이 두 시스템은 전용공간과 공용공간에 대한 개념에서 큰 대조를 보인다.

　　좀 더 구체적으로 말하면 1가구 1주택시스템의 집이 일반적으로 단독 침실, 주방과 화장실의 자족적이며 폐쇄적 공간으로 이루어져 있다면 지역사회권의 집은 '개방공간'과 '사적 침실'로 구성되어 있어서 외부와의 협동이 용이해진 방식이다. 개방공간은 외부를

향해 열려 있어서 지역주민들이 쉽게 섞일 수 있는데, 툇마루나
어린이 놀이터처럼 사용할 수 있고 사무실이나 아틀리에 또는
가게를 차리거나 임대를 할 수도 있다. 화장실과 욕실, 작은
주방은 함께 사용하는 공간이며 이 공용공간의 확보는 간병,
간호, 복지, 에너지, 교통, 지역경제 등의 개념을 전면 재구성하는
효과를 낳는 토대가 된다. 혼자 사는 노인에게 변이 생겼을 때
이웃이 쉽게 들여다볼 수 있다거나 가족이 떠난 빈 공간의 활용이
용이해지고 일정하게 수입을 내기도 쉬워지기 때문이다. 한마디로
지역사회권시스템은 단순히 집의 구조가 아니라 생활방식과
생각의 구조를 이끌어내는 촉매재로서 새로운 사회보장제도,
지역 내 경제권, 에너지의 효율적 소비와 생산 그리고 중간적
교통기반시설을 상상하고 만들어갈 수 있는 것이다. 이런
개념으로 구체적인 작업을 해온 저자는 이상적인 지역사회권을
인구 500명 정도로 추정하고 있다.

　한국의 주택정책의 기본 개념은 일본과 다르지 않으며
어떤 면에서 일본보다 앞서서 '부동산의 증권화'가 진행된
경우일 것이다. 특히 1990년대 이후 아파트 투기 광풍에 휩싸였고
2000년대 뉴타운, 재개발 붐이 여전했으며 부동산 가격이
떨어지면서 그 와중에 많은 이들이 '하우스 푸어'가 되었다.
여전히 '부동산의 증권화'는 진행 중이고 안전과 사생활 침해에

대한 강박으로 아파트들의 경계가 삼엄하고 층간소음으로
살인까지 일어나고 있다. '아파트 공화국'이라는 악명까지 얻은
한국에서 1가구 1주택시스템의 부작용은 아주 심각한 사태에
이르렀다. 이런 상황에서 좀 다른 '집살이'에 대한 실험들이
일어나는 것 역시 자연스러운 현상이며 실제로 한국의
도심부와 농촌 곳곳에서 좀 다른 건축에 대한 시도들이 지금
일어나고 있다. 이 책에서 말하는 지역사회권에 대한 탐색이
이루어지고 있는 것이다.

　어려운 말을 사용하고 있지만, 지역사회권이란 쉽게 말하면
상부상조하는 마을 같은 것이다. 조선시대의 대가족과 친척들이
모여 사는 마을이나 근대화 초기에 도시로 이주해온 가족들이
이웃과 상부상조하면서 함께 아이를 키우고 병든 환자와 노인을
함께 돌보는 주거와 비슷하다. 그것은 우호적인 사람들이 스스로
도우면서 서로를 지켜주는 체제이며 고도의 자동잠금장치가
아니라 집의 빗장을 풀고 협동하는 장치로 움직이는 체제이다.
다행히 많은 이들이 탐욕의 시대를 간파하고 인간다운 삶으로의
전환을 상상하기 시작했다. 신자유주의 이후의 주거정책과 다양한
주거실험에 대한 논의의 장이 일본만이 아니라 한국에서도
자생적으로 열리고 있는 것이다. 또한 한일 양국의 주민들이 잦은
상호교류를 하는 에코 빌리지들도 생겨나고 있다. 야마모토 리켄이

새로운 개념으로 설계했다는 주택이 판교와 강남에 지어졌다는 것도 반가운 소식이다. 여러모로 답답하던 시점에 더불어 사는 삶의 장을 만들어낼 묘안을 접하니 흐뭇하기 그지없다. 국경을 넘어 모여 '함께 짓는 집'들이 많아지길 기대하며 나는 어떤 마을에서 살아갈지 좀 더 구체적인 계획을 세워보려 한다. 그 자리에 야마모토 리켄도 함께하면 좋겠다.

조한혜정 연세대학교 문화인류학과 명예교수, 하자마을 주민

장소를 기억하고 삶을 공유하는 지역사회권

우리는 이웃하는 일본을 가리켜 가깝고도 먼 나라, 비슷하지만
많은 부분이 다른 나라라고 말한다. 그러나 도시주택과 사회경제적
측면의 많은 부분에서 일본이 우리의 모델로 여겨졌던 것은
부인할 수 없다. 시대의 빠른 변화 속에서 미래사회를 예측하고
건축적으로 대응하는 일본 건축가들의 모습은 아직도 우리에게
많은 시사점을 준다. 그런 이유에서일까? 예전에는 좋은 사례를
찾으면 답사를 가서 보고 느끼고 자료를 통해 좀 더 구체적인
내용을 습득해 우리 사례에 반영하는 것이 일반적이었다. 그러나
지금은 해외 유명 건축가에게 직접 설계에 참여할 기회를
주고, 작품을 통해서 더욱 면밀하게 건축의 숨은 뜻을 해석하고
재구성하면서 우리의 것으로 만들고 있다.

　이 책의 저자인 건축가 야마모토 리켄은 일본뿐 아니라
우리나라의 판교와 강남에서 LH공사가 공급하는 단지형
집합주택을 설계할 기회를 얻었다. 그 때문에 우리나라가 어떤
주거방식과 어떤 주택을 공급하고 있는지 나름대로 충분한 지식을
갖게 되었던 것 같다.

　판교와 강남 프로젝트를 통해 야마모토 리켄은 건축가로서
어떤 집합주택을 제안하고 싶었을까? 그것을 저자는
'지역사회권적 주택'이라고 말한다. '1가구 1주택'을 대신하는
새로운 주거방식으로서 '지역사회권'을 제안하는 이 책은 우리가

평소에 알고 있는 내용을 다루고 있는 듯하면서도 읽으면
읽을수록 '과연'이라는 말이 절로 나오게 한다.

　　지역사회권에 대한 논의는 요코하마국립대학대학원 Y-GSA
(건축도시디자인코스) 야마모토리켄스튜디오에서 시작했다.
생활단위인 1가구 1주택을 대신해 500명 정도의 사람이 어떻게
함께 생활할 수 있을까, 어떤 상부상조시스템을 만들 수 있을까.
이것이 그들의 과제였다.

　　일본뿐 아니라 우리나라의 주택공급정책과 시장 상황도 조금씩
바뀌고 있다. 사람과 장소를 고려하지 않았던 주택공급에서
수요자와 지역 특성을 고려한 맞춤형 주택을 공급하려고 부단히
노력하고 있다. 기존 주택공급의 주요 수단이었던 뉴타운과
재개발사업, 그리고 신도시와 신시가지의 대규모 주택공급은
한계에 이르렀다. 수요자는 고려하지 않은 채 장소를 지우고
불특정다수의 사람에게 제공하는 주택공급방식은 미분양 속출로
이어지고 있다. 이제 우리가 선택할 수 있는 길은 장소를
기억하고 삶을 공유하는, 함께 사는 방법을 장착한 새로운
주택과 주거지에 대한 고민이다.

　　그러나 기존의 개념과 방식으로는 적절한 해법을 찾기 어렵다.
물론 곳곳에서 주거재생을 위한 다양한 시도가 이루어지고
있다. 마을 만들기 개념을 도입한 다양한 주제의 주민참여형

주거지재생이 그것이다. 복지, 사회경제, 방재, 안전, 건강, 정보,
에너지 등 다양한 주제로 추진되고 있다. 저출산·초고령화 되는
미래사회를 대비해 소형임대주택을 중심으로 주택공급정책이
바뀌어가고, 나아가 셰어하우스(Share House)나 코하우징
(Co-Housing) 등 다양한 입지와 계층을 고려한 주택들도
조금씩 공급되고 있다. 하지만 이 모든 것이 개별적이고
단발적인 실험단계에 머물고 있다. 미래사회를 정확히 예측한
주택공급정책과 시스템으로 정착하기에는 아직도 갈 길이 멀다.

　　이러한 시기에 등장한 이 책 『마음을 연결하는 집』은 주택공급,
가족, 공동체, 주변환경, 작은 경제권, 복지, 교통, 에너지, 방재
등의 키워드를 총체적으로 결합해 적용하는 지역 중심의 사회적
시스템과 주거방식을 제안한다. 건축적으로 구체적인 부분까지
한 차원 다르게 제안하고 있는 것이다. 우리가 몰랐거나 놓쳤거나
상상할 수 없었던 부분까지, 우리에게 다가올 가까운 미래의
지역사회에 적용 가능한 구체적인 방법을 알려주고 있다.

　　이 책을 추천할 수밖에 없고 추천하는 것 자체를 영광스러운
기회라고 생각하는 이유다.

신중진 성균관대학교 건축학과 교수

사회문제를 푸는 대안으로서의 시스템디자인, 지역사회권

오늘날의 도시는 포스트포디즘(Post Fordism)의 생산체제를 위한
터전으로서 극단적인 효율성을 추구하는 방향으로 조직되어 왔다.
우리의 행위들은 최첨단의 기술 도구들로 끊임없이 매핑되고
우리의 삶은 생산을 위한 잠재적인 원천으로 조직된 도시의 물리적
환경을 따르게 되었다. 자본주의 도시는 굳게 닫힌 철문과 철창
있는 창문으로 사생활을 보장하고 거리 곳곳에 놓인 CCTV로
안전을 지킨다. 한정된 물리적 공간에 모여 살면서 벌어지는
갈등을 효율과 기능으로 해결한 결과는 지금의 도시 형태에
반영되었다.

　야마모토 리켄은 경제성장과 침체를 겪으며 급격한 변화를
일으킨 일본 사회의 궤적을 따라 작업을 해온 건축가다. 그의
작품은 도시화에 따른 공동체 와해에 대해 집요하게 반응하며
진화한다. 호타쿠보(保田窪) 공동주택, 요코하마 미쓰쿄(三ッ境)
시영주택 등에서는 가족을 전제로 개별단위가 집합 관계를 맺는
방식을 제안했고, 그 뒤 시노노메(東雲) 공동주택에서는 다양한
현대인의 삶을 반영하는 개인공간을 공공공간을 향해 열어두는
방식을 시도했다. 사생활과 보안을 중시하는 도시정책의 흐름을
비판하면서 굳게 닫힌 현관문을 유리문으로 대체한 것은 현대
일본인들에게 익숙하지 않은 개방된 사적공간과 공유공간의
결합이 가능하다는 것을 보여준 시도였다.

야마모토가 최근 몇 년 동안 연구한 '지역사회권'은 이러한 공유
구조를 도시로 확장한다. 우리와 유사하게 일본의 전후 1가구
1주택은 가족을 전제로, 사회보장제도가 아닌 가족이 구성원을
돌보는 구조이며 동시에 주택 소유를 통해 경제성장을 촉진시키는
정책이다. 가족관계에서 상호의존도가 우리보다 낮은 일본은
초고령 사회로 접어들면서 가족 관계가 무너지고 막대한 비용으로
사회구성원들을 돌보아야 하는 상황에 처했다. 이에 지역사회권은
필연적인 논의로 다가온다. 지역사회권은 근대 이전 상부상조의
공동체로 회귀하자는 제안이라기보다 철저하게 새로운
경제적 시스템에 바탕을 둔 공유주택시스템에 대한 제안이다.
지역사회권에서 교통시스템과 에너지정책은 필수적으로 고려해야
할 요소이며 미래사회에 벌어질 삶의 변화에 대응할 수 있는
유연한 공동체의 형식과 그에 따른 도시 구조에 대한 제안이다.
　　야마모토 리켄 사무실에서 일하며 강남하우징을 설계한
것은 한국과 일본에서 공통적으로 제기되는 거주 문제를
논할 수 있는 좋은 경험이었다. 그의 첫 번째 한국 프로젝트인
판교하우징은 분양을 위한 40평 이상의 대형주택이었는데,
그에 비해 강남하우징은 가장 넓은 집이 16평 정도 되는
소형 임대주택이었다. 이는 가구 인원수가 줄어드는 가까운
미래를 고려한 새로운 방식의 공동주택을 제안하려는 시도였다.

사적공간의 일부를 공용공간으로 열고 지면과 저층부에서
주민들이 적극적으로 대면하는 공유공간을 만들어서 개인이
소외되지 않는 공동체를 만들고자 했다.
　　지역사회권은 정확한 예측에 의한 수요와 공급 중심의
주거 정책이 아닌 주거가 지향해야 할 도시에서의 삶의 방식에
대해 질문하고 있다. 언제부터인가 건축가의 활동 영역이
축소되면서 건축가는 우리의 삶과 그 터전인 도시의 미래상을
제시하는 일에 점점 무뎌지고 있다. 야마모토 리켄의 지역사회권을
계기로 우리의 도시와 건축에 시도되고 있는 지역공동체 논의가
더 활발해지기를 바란다.

이은경　EMA건축사무소 대표

한국어판 출간에 부쳐

주택공급정책과 경제활동이 일치한다는 점에서 보면 한국과
일본의 주택 사정은 비슷한 측면이 있다. 특히 일본은
2000년경부터 민간주택업자가 주택공급을 주도하고 있다.
그 결과 주택은 단순히 경제활동을 위해 건축하고 판매하는
형태를 띠게 되었다. 주택이 위치하는 지역사회나 주택에서
생활하는 주민을 위해서가 아니라 투자자를 위해 주택이 건축되고
있다. 이런 문제가 일어난 이유는 2000년부터 개정된 법률로
부동산의 증권화가 시작되었기 때문이다. 부동산의 증권화는 많은
투자자로부터 자금을 조달하고 그 자금을 바탕으로 분양맨션을
짓는 상황을 가져왔다. 그 때문에 민간주택업자들이 건축하는
맨션 대부분은 지역주민의 관점이 아니라 투자자의 관점에서 매력
있는 방식으로 추진되었다. 도쿄에 지금도 초고층맨션이 잇달아
건축되는 이유도 투자자의 입장에서 볼 때 가장 이윤이 많이 남는
건축 방식이기 때문이다. 그전까지 그곳에 존재했던 지역사회의
상황이나 주민에 대해서는 전혀 고려하지 않는다. 지역사회의
입장에서 본다면 그런 초고층맨션은 폐해에 지나지 않는다.
　그런 주택건축방식에 대해 나는 건축가로서 상당한 위기감을
느꼈고, 그런 위기감이 '지역사회권'을 생각하게 된 계기가
되었다. '지역사회권'이라는 말을 선택한 것은 '권'이라는 말이
장소의 성격을 강하게 나타낸다고 생각했기 때문이다. 단순히

지역사회라고 했다면 과거의 지역공동체 같은 이미지를
연상시켰을 것이다. 지역사회라는 말에는 '과거에는 확실히
존재했지만 지금은 잃어버린 존재' 같은 뉘앙스와 함께 정치적
이데올로기도 풍긴다. 과거의 공동체, 정치적 이데올로기도 아닌
지금 가장 효율적이면서 효과적인 거주시스템이 지역사회권이다.
하지만 지역사회권을 실현하는 건 쉽지 않다. 우리가 '1가구
1주택'에 철저하게 익숙해져 있기 때문이다. 지역사회권은
1가구 1주택을 대신하는 새로운 주거방식의 제안이다.

　　나는 한국의 판교와 강남에서 집합주택을 설계할 기회를
얻었다. 둘 다 LH공사가 공급하는 집합주택이다. 한국 역시
한편으로는 민간주택업자가 주택을 공급하고 있지만
다른 한편으로는 일본과 달리 LH공사라는 공공단체가 주택공급을
담당하고 있다. 이것이 매우 중요한 지점이다. 어떤 주거방식과
어떤 주택을 공급할 것인가 하는 문제는 국가의 책임이기
때문이다. 그리고 구체적인 방법을 제안하는 것은 건축가의
책임이다. 나는 집합주택에 관한 제안이 곧 '지역사회권적 주택'의
제안이라고 생각한다.

야마모토 리켄 山本理顕

지역사회권에 살고 싶다

우리 대부분은 주택에서 사생활과 보안을 그 무엇보다 중요하다고
생각한다. 공급자 입장에서도 사생활 확보와 철저한 보안은 주택을
판매할 때 가장 중요한 법칙이다. 고급맨션일수록 이 두 가지는
더욱 철저하게 지켜진다. 현관에는 당연하다는 듯 자동잠금장치가
설치되어 있고 방문하는 사람은 인터폰을 통해 신분을 확인받은
뒤에야 들어갈 수 있다. 승강기홀에서 방까지의 거리는 도중에
다른 사람을 만나지 않게 가까울수록 좋다. 각 가구의 문은
엄중하게 잠겨 있고 하나로도 모자라 이중잠금장치가 갖추어져
있다. 지문 인증을 받아야 문이 열리는 경우도 있다. 현관문을
안쪽에서 잠그면 그 집은 완전한 밀실이 된다. 방음설비가
잘 갖추어져 있기 때문이다. 이웃이나 위층에 사는 사람들의
생활소음이 들리면 싸구려 맨션이라 여긴다. 단독주택이나
분양주택 역시 사생활과 보안이 절대적인 조건이라는 점에서
맨션과 다르지 않다.

　　민간주택업자가 취급하는 맨션이나 분양주택뿐 아니라
공공집합주택 역시 사생활과 보안을 무엇보다 중요하게 생각한다.
아니 오히려 공공집합주택에서부터 그 철칙은 시작되었다.
사생활 보호의 중요성은 공영주택이나 공단주택처럼 전후
부흥주택에서부터 시작되었다. 지금 민간주택업자가 공급하는
분양주택은 단순히 그 현상을 확대 재생산하고 있을 뿐이다.

전후에 세워진 부흥주택은 '하나의 주택에 하나의 가족이 생활한다'는 주거환경을 유일한 모델로 삼아 공급되었다. 이른바 '1가구 1주택'이다. 우리는 그런 주택생활을 통해 사생활과 보안이라는 개념에 관해 철저하게 교육받았다. '교육'이라고 표현하면 너무 거창하게 들릴지 모르지만 우리 스스로 깨닫지 못하는 사이에 건축이라는 상자를 통해 그 사용방법을 머릿속에 각인시켜온 것이다. 그리고 주택 자체가 하나의 환경이 되어버렸기 때문에, 즉 당연한 것처럼 한 장소에 존재하기 때문에 자연스럽게 머릿속에 각인되었다는 사실을 우리는 깨닫지 못하고 있다.

사생활에는 두 가지가 있다. 주택 외부로부터의 사생활과 내부의 사생활, 즉 부부와 자녀 각자의 사생활이 그것이다. 우리가 '2DK(Dining Kitchen)'라고 표현하는 주택형식이 그러하다. 외부로부터 사생활을 보호하기 위해 철문을 경계로 밀실 형태의 내부를 확보한다. 내부에는 두 개의 방, 즉 부부침실과 자녀의 방을 확보한다. 부부침실의 사생활은 전후 인구 증가를 위해 필수적인 조건이었다. 이런 공단주택이나 공공주택이 대량으로 공급되고 그 주택에서 생활하기 시작하면서 그전까지는 우리에게 그다지 익숙하지 않았던 사생활이라는 개념이 빠른 속도로 침투했다. 그리고 그렇게 침투한 사생활에 대한 의식은 그 뒤로 이어진 고도성장기와 민간주택업자가 주도한 주택 대량 공급에 큰 공헌을

했다. 주택 내부의 사생활을 소중하게 여기는 주택은 외부와의
관계가 점점 희박해지고 그 관계를 소중하게 생각하지 않는다.
즉 외부와 차단된 패키지 같은 주택이 되는 것이다.
주택공급업자들은 그 패키지를 하나의 상품으로 판매한다.
보안을 통해 사생활과 안전이 지켜지는 주택의 내부를
하나의 패키지로 판매하는 것이다. 방이 몇 개인지 나타내는
nLDK(n은 방의 개수, L은 Living Room, D는 Dining Room,
K는 Kitchen을 가리킨다 — 옮긴이)라는 기호와 전용면적,
지하철역으로부터의 거리만으로 가격이 정해진다. 주변환경이나
기존의 공동체와는 전혀 관계없이 패키지 내부의 크기와
설비 성능만으로 시장가격이 결정되는 현상이 나타나는 것이다.
　　1966년에 '주택건설계획법(住宅建設計画法)'이 시행된
이후부터는 그 패키지 상품을 '내 집'으로 장려하는 정책이
더욱 강하게 정비되었다.[1] 분양맨션이나 분양단독주택이 일본
주택공급의 중심이 된 것이다. 이런 시스템은 사람들이 요구해서
이루어진 것이 아니라 국가에서 적극적으로 유도했다. 1980년의
「주택택지심의회답신(住宅宅地審議会答申)」에는 "주택은 본래
시장에서 공급, 배분되는 것"이라는 문구가 등장한다.
단 "국민생활의 안정, 향상을 도모하기 위해 주택의 공급, 배분
등에 정책적으로 적절하게 개입할 필요가 있다."라며 저소득층에

1   혼마 요시토(本間義人), 『거주의 빈곤(居住の貧困)』,
    이와나미신쇼, 2009년, 83쪽
2   히라야먀 요스케(平山洋介)는 「주택택지심의회답신」을 시간축으로
    나열한다.(『불완전도시不完全都市』, 47쪽) 국가의 의지는 매우 명쾌하다.

대한 공적인 지원이 필요하다는 인식을 나름대로 드러내고 있다.
하지만 1995년 답신에서는 주택정책의 역할이 "주택시장
전체를 대상으로 삼아 그 시장기능이 충분히 발휘될 수 있도록
하는 것"이어야 한다면서 "자유로운 시장의 기능을 활용한다"라는
문구를 통해 방향성을 명료하게 설정한다. 그리고 2000년
답신에서는 "주택택지의 취득, 이용은 국민의 자조 노력"에
의한다는, 즉 공적인 지원은 하지 않는다는 내용이 등장한다.[2]

주택은 시장에 유통되는 상품이며 국가의 역할은 시장기능이
충분히 발휘될 수 있게 하는 것이고 취득은 시장에서의
자조 노력이라는 식으로 유도해온 것이다. 이렇게 논조가
조금씩 변한 이유는 그것이 국가의 경제운영에 매우 유리했기
때문이다. 실제로 이런 정책 변화는 시장경제 활성화에 충분히
공헌했다. 주택정책은 성장경제를 위해 철저하게 이용되었다.

공공주택은 더 이상 공급되지 않았다. 2004년에는
도시정비공단(都市整備公團)이 도시재생기구(都市再生機構)
UR(Urban Renaissance Agency)로 바뀌면서 신규 주택을 공급하지
않았다. 2006년에는 '주거생활기본법(住生活基本法)'이 만들어져
민간주택업자가 주택공급에 참여하는 구조가 정비되었고
그에 수반해 2007년에는 주택금융공고(住宅金融公庫)가
주택지원기구(住宅支援機構)가 되어 주택구입자가 아니라

민간주택금융업자를 위한 지원기구가 되어버렸다. '플랫35(Flat35)'
같은 융자상품을 만들어 35년 고정금리로 주택자금을
대출해주었다. 서른다섯 살에 융자를 받은 사람은 일흔 살이
될 때까지 융자금을 변제해야 한다. 소득이 낮은 사람들이
보더라도 '월세를 내는 것보다 싸다'고 생각할 수 있게 만든 구조다.
　　2001년 시점에서 볼 때 주택금융공고의 융자를 받은
사람들의 연봉은 600만 엔대가 가장 많고 800만 엔대까지 보면
80퍼센트를 차지한다.[3] '내 집'을 원하는 사람들이 반드시
풍요로운 생활을 하는 사람들만은 아니라는 뜻이다. 달리 선택의
여지가 없는 상태로 내몰려 어쩔 수 없이 주택을 구입하는 것이다.
35년 장기융자는 저소득층에게 주택 구입을 강요하는, 이른바
성장경제정책 그 자체다.
　　매달 변제하는 금액만 비교한다면 월세를 내는 것보다
확실히 싸게 보인다. 하지만 집을 소유하면 시간이 흐르면서
융자뿐 아니라 설비기구를 포함해 다양한 부분에서 대규모 수리가
필요하다. 노후화에 따라 내외장재를 보수해야 하고 가족의
성장이나 변화에 맞춰 수리 비용, 보수유지 비용, 지진이나 화재에
대한 위험부담금도 짊어져야 한다. 그리고 시간이 흐를수록
자산 가치 또한 떨어진다. 거품경제가 붕괴된 이후에는 전매도
간단하지 않다. 모든 것이 자기 책임이다. 계약금이 싸고

매달 변제하는 융자금은 낮을지 모르지만 집을 소유하는 순간,
그 집을 유지하기 위한 비용 등 심리적 부담은 엄청나게 증가한다.
'내 집'을 소유하도록 철저하게 유도해놓고 이후에는 모든 것을
본인의 책임으로 돌려버리는 것이다.

한편 임대주택에는 지원정책이 거의 없다. 고베대학(神戸大学)
히라야마 요스케 교수로부터 "공공임대주택은 공영과 공단을 합쳐
6퍼센트에 지나지 않는다." "임대주택의 평균연면적은 내 집의
3분의 1에 지나지 않는다." 이런 이야기를 듣고 임대주택의
불리함에 새삼 놀랐다. 임대주택을 열악한 상태로 놓아두고
'내 집'을 소유하도록 유도하는 정책은 진정성이 없어 보인다.
이런 정책은 사기라고 해도 틀린 말이 아니다.

주택정책은 경제정책이 아니다. 성장경제의 역할을 담당하기
위해 주택정책이 존재하는 것이 아니다. 어떤 주택을 공급할
것인가, 어떤 주택에서 생활할 것인가 하는 문제는 우리의
일상을 결정하는 중요한 요소다. 현재의 '1가구 1주택'을
전제로 한 '내집정책'이 실패라면, 그 실패는 단순히 경제정책의
실패가 아니라 우리의 일상생활이 파괴되고 있음을 뜻한다.
우리의 소득 대부분이 주택에 소비되거나 빼앗기고 그 재산을
지키기 위해 우리의 의식은 더욱 내부로 향한다. 그러는 동안
가족은 내부로부터 무너지기 시작한다. 즉 '내 집'을 강조하는

주택공급 구조와 그 내부에서 생활하는 가족의 현실이 조화를
이루지 못하고 있다.

　"지금 도쿄 23구의 평균 가구수는 두 명이다. 1가구 1주택
자체가 더 이상 성립하지 않는다. 패키지상품으로서의 주택이
상품가치를 잃어가고 있는 것이다."[4] '내 집'을 국가 운영원칙의
전제로 생각해온 것이 파탄에 이르고 있다는 뜻이다.
주택공급구조를 다시 생각하는 것, 그것이 현재 일본의
폐쇄 상황을 타개하기 위해 가장 먼저 생각해야 할 문제다.
주택이야말로 심각한 문제다.

　1가구 1주택을 유일한 모델로 삼아 사생활과 보안을 원칙으로
생각해온 주택공급구조는 패키지상품 같은 '내 집'과 연결되었다.
이것이 정말 교묘하게 유도되어왔기 때문에 우리는 여전히
1가구 1주택 제도, 또는 내집정책이 파탄에 직면했다는 사실을
깨닫지 못하고 있다. 하지만 이제는 정말 한계에 이르렀다.

　그래서 지역사회권이라는 새로운 모델을 제안하고 싶다.
지역사회권은 1가구 1주택시스템을 대신할 수 있는 새로운
생활방식의 제안이다.

1　'1가구 1주택'이 표준가족을 전제로 공급되는 것이라면
　　'지역사회권'은 반드시 가족을 전제로 하지 않는다.

2   '1가구 1주택'이 사생활과 보안을 중심원칙으로 공급되는 데
     반해 '지역사회권'에서는 그곳에서 생활하는 사람들 전체의
     상호관계를 중심원리로 삼는다.

3   '1가구 1주택'이 주변환경, 주변지역사회에 대한 무관심으로
     성립된다면 '지역사회권'은 주변환경과 함께 계획된다.

4   '1가구 1주택'은 궁극적인 소비단위다. 그것을 전제로
     국가적인 성장경제전략이 성립된다. '지역사회권'은 단순한
     소비단위가 아니다. 지역 내부에서 작은 경제권이 성립될 수
     있게 계획한다.

5   '1가구 1주택'에 공급되는 에너지는 모두 외부로부터 온다.
     따라서 주택은 단순히 에너지소비단위에 해당한다.
     '지역사회권'은 그곳에서 에너지를 생산하고 효율적으로
     이용한다. 따라서 단순한 소비단위가 아니다.

6   교통기반시설은 '1가구 1주택'을 전제로 삼는다.
     공공교통이나 자가용이 그것이다. '지역사회권'에서는
     그 중간적인 교통기반시설을 구축한다.

7 질병보험, 건강보험, 연금제도 같은 사회보장제도는
'1가구 1주택'의 자조 노력을 전제로 성립한다. 하지만
'1가구 1주택'의 붕괴와 함께 막대한 사회보장비용이
필요해졌다. '지역사회권'에서는 그것을 보완할 수 있게
전체적인 상부상조를 생각한다.

8 '지역사회권'은 임대를 원칙으로 한다. 분양을 통해
민간주택업자가 이윤을 올리는 현재의 공급시스템은
근본적으로 잘못되었다. 그것은 주택정책이라는 이름을
빌린 경제정책이다.

9 분양맨션의 전용공간은 전체의 75-80퍼센트 정도다.
전용면적으로 가격이 결정되므로 가능하면 공용면적을 줄여
전용면적을 넓히려 한다. '지역사회권'의 전용면적은
60퍼센트 정도다. 전용면적과 공용면적의 비율을
바꾼다. 그렇게 함으로써 전용면적과 공용면적이라는
의식 자체가 바뀐다.

10 '1가구 1주택'의 각 주택은 외부에 대해 매우 폐쇄적이다.
'지역사회권'의 주택에는 외부를 향한 개방공간이 마련된다.

5   1996년에 일본은 '이스탄불선언'에 서명했다. 이스탄불선언에는
    "모든 사람들에게 적절한 주거를 보증하고 보다 안전하고 건전하고
    평등하고 살기 좋은, 지속가능하고 생산적인 인간거주지역의
    실현을 보증하는 전 세계의 목표를 지지한다."라는 내용이 담겨 있다.

그렇다. '지역사회권'의 모든 것은 1가구 1주택시스템과 반대이다.
주택문제를 경제성장을 위한 도구로 생각하지 않고 실제로
그곳에서 생활하는 사람들의 생활을 최우선으로 생각한다.
주택을 사회자본으로 생각한다. 쾌적한 주택에서 생활하는
것은 우리의 기본적인 인권이다.[5] 지역사회권은 이 당연한 일을
실현한다. 그렇게 하려면 실제 건축공간이 어떤 모습을 갖추어야
하는지가 매우 중요하다. 그런 공간을 실제로 체험하는 과정을
통해 또 다른 생활방식이 있다는 사실을 실감할 수 있기 때문이다.
직접 보지 않고는 알 수 없다. 전후 얼마 지나지 않은 시점에서
공단의 '2DK'를 보고 이런 곳에서 살면 얼마나 좋을까 하고
생각한 사람들이 많았다. 그 체험이 너무나 선명해서 지금도
우리는 1가구 1주택 생활에 얽매여 있다. 하지만 1가구 1주택은
이제 제도적으로 문제를 드러내고 있다. 우리는 1가구 1주택을
대신할 수 있는 생활을 아직 체험해본 적이 없다. 지금 우리에게는
그런 공간이 필요하고 그것이 곧 지역사회권이다.

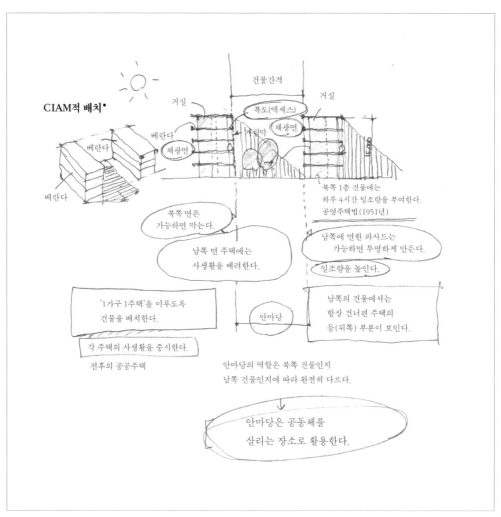

CIAM적 배치•

일조량

건물간격

거실

복도(액세스)

채광면

거실

베란다

가림막

베란다

채광면

채광면

베란다

북쪽 1층 건물에는
하루 4시간 일조량을 부여한다.
공영주택법(1951년)

북쪽 면은
가능하면 막는다.

남쪽에 면한 파사드는
가능하면 투명하게 만든다.

남쪽 면 주택에는
사생활을 배려한다.

일조량을 높인다.

'1가구 1주택'을 이루도록
건물을 배치한다.

안마당

남쪽의 건물에서는
항상 건너편 주택의
등(뒤쪽) 부분이 보인다.

각 주택의 사생활을 중시한다.

전후의 공공주택

안마당의 역할은 북쪽 건물인지
남쪽 건물인지에 따라 완전히 다르다.

안마당은 공동체를
살리는 장소로 활용한다.

• CIAM은 근대건축국제회의(Congrès Internationaux d'Architecture Moderne)의 약칭이다. CIAM적 배치란 건물 높이만큼
건물 간의 간격을 떨어뜨리는 구조이며, 건물이 남쪽을 향하다보니 늘 앞 건물의 뒤만 바라보는 구조를 말한다.

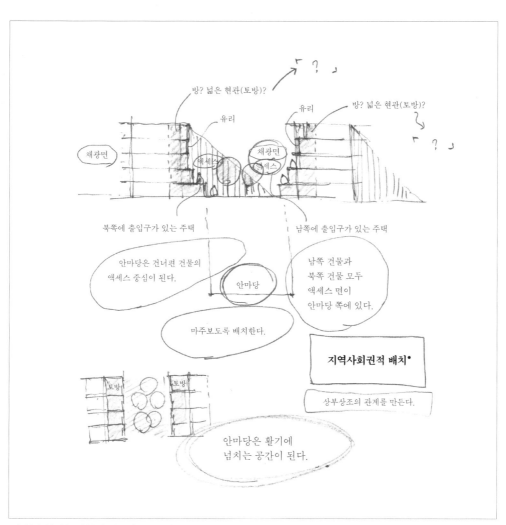

• 지역사회권적 배치는 채광을 확보할 수 있는 건물 간격을 유지하면서 마주보는 구조이기 때문에 주민들 간의 소통을 활성화한다.

지역사회권이란 무엇인가

1 어떻게 살 것인가

현재의 국가운영시스템은 '1가구 1주택' 내부의 자조적인 노력을
전제로 성립되었다. 하지만 1가구 1주택은 이미 생활단위로서의
역할을 제대로 수행할 수 없게 되었다. 그렇다면 그것을 대신할 수
있는 생활방식은 어떤 것일까. 어떤 운영시스템이 필요할까.
500명 정도의 인원을 하나의 생활단위로 생각해보자.
아니 400명, 700명이어도 좋다. 지역 특성에 따라 그 인원수는
바뀔 수 있다. 500명이라고 가정한다면 인구구성은 37쪽
그림과 같다. 이것을 하나의 '지역사회권'으로 생각하는 것이다.
500명과 함께 어떤 생활을 할 수 있을까. 어떤 상부상조시스템을
만들 수 있을까.

　　우선 주택을 생각해보자. 분양은 개인 부담이 너무 크다.
그리고 급격한 사회변화에 대한 자기조절이나 제어 능력이 전혀
없다. 그렇기 때문에 임대주택이 좋다. 가능하면 전용면적을
줄이고 공용면적을 넓혀야 한다. 지역사회권을 구성하는
주택을 여기에서는 '집'으로 부르자. 집은 '개방공간'과 '침실'로
이루어진다. 지금까지의 LDK(Living Dining Kitchen) 유형의
주택과는 전혀 다른 구성이다. 개방공간은 외부를 향하며
유리창을 통해 공개된다. 침실은 사생활을 확보하고 공간의
임대방식은 자유롭게 한다. 개방공간 부분을 많이 임대해
'가게'로 사용할 수도 있다. 사무실이나 아틀리에, 할머니가

낮잠을 즐기는 툇마루 같은 장소로 사용할 수도 있다. 아이들이
뛰어노는 장소로 이용해도 된다. 침실 영역을 많이 빌려
사생활 보호를 중시하는 기존의 주택처럼 사용해도 된다.
화장실이나 욕실, 작은 주방은 함께 사용한다. 가능하면 널찍한
화장실과 욕실을 충분하게 만든다. 화장실과 욕실을 넓게
만들어도 1가구 1주택 안에 한 개씩 만드는 것보다 훨씬
효율성이 좋다. 전용과 공용이라는 관계를 바꾸는 것도 중요하다.
에너지, 교통, 간병, 간호, 복지, 지역경제 등 1가구 1주택을
전제로 했을 때 성립되던 관계를 모두 재조명한다. 그렇게
재조명된 관계가 지역사회권이다.

단위 | 지역사회권이라는 단위로 주거생활을 생각한다.

1960

1가구 1주택시스템
국가행정은 하나의 주택에 하나의 표준가족이 생활한다는 전제로 운영되었다.

도쿄 1가구당	고령화율
4.0 명	10 %

2013

1가구 1주택시스템은 지금도 유효할까
1가구 1주택이라는 전제 자체가 파탄에 이르고 있다.

도쿄 1가구당	고령화율
1.98 명	24.7 %

참고: 한국의 1가구당 인원수와 고령화율

연도	1가구당	고령화율
1960	5.47명	2.9%
1990	3.76명	5.1%
2000	2.91명	7.2%
2013	2.52명	12.2%

2015

지역사회권시스템
500명 정도의 주민을 하나의 단위로 삼는다.

도쿄 1가구당	고령화율
1.9명	**27**%

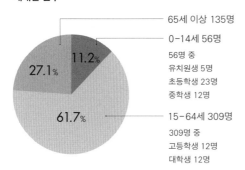

세대별 인구

- 65세 이상 135명
- 0-14세 56명
  56명 중
  유치원생 5명
  초등학생 23명
  중학생 12명
- 15-64세 309명
  309명 중
  고등학생 12명
  대학생 12명

11.2%
27.1%
61.7%

그 밖의 인구

외국인	9명
출생자	4명/년
사망자	4명/년
간병인이 필요한 사람	23명

참고
H18국립사회보장·인구문제연구소 「일본의 장래추계인구」,
H25총무성통계국 「인구추계」, H22법무성 「등록외국인통계」,
H23후생노동성 「인구동태조사」, H23문부과학성 「학교기본조사」

집

지역사회권에서 생활하는 주민은 집에서 생활한다. 집은 개방공간과
침실로 구성된다. 하나의 집에 몇 명이 생활하는지는 자유롭게 결정한다.

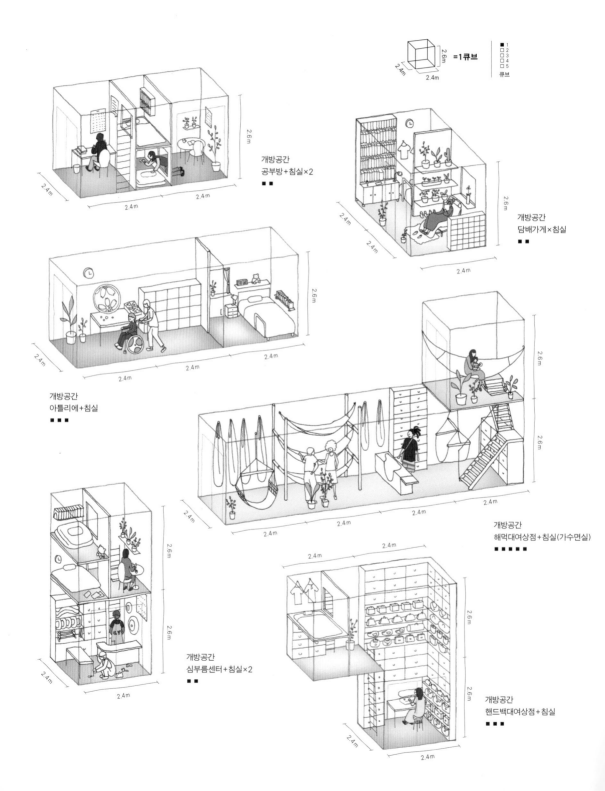

2.6m
2.4m
2.4m
=1큐브
■ 1
□ 2
□ 3
□ 4
□ 5
큐브

개방공간
공부방+침실×2
■ ■

개방공간
담배가게×침실
■ ■

개방공간
아틀리에+침실
■ ■ ■

개방공간
해먹대여상점+침실(가수면실)
■ ■ ■ ■ ■

개방공간
심부름센터+침실×2
■ ■

개방공간
핸드백대여상점+침실
■ ■

2.6m
2.4m
2.4m

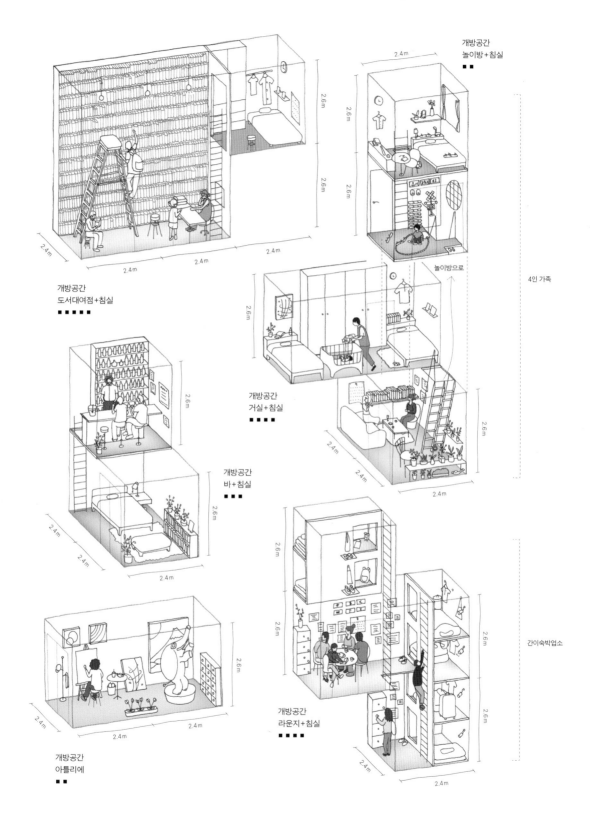

개방공간
놀이방+침실
■■

개방공간
도서대여점+침실
■■■■■

놀이방으로

4인 가족

개방공간
거실+침실
■■■■

개방공간
바+침실
■■■

개방공간
라운지+침실
■■■■

간이숙박업소

개방공간
아틀리에
■■

집이 모이는 기본그룹 | 화장실, 욕실, 주방을 공유한다.

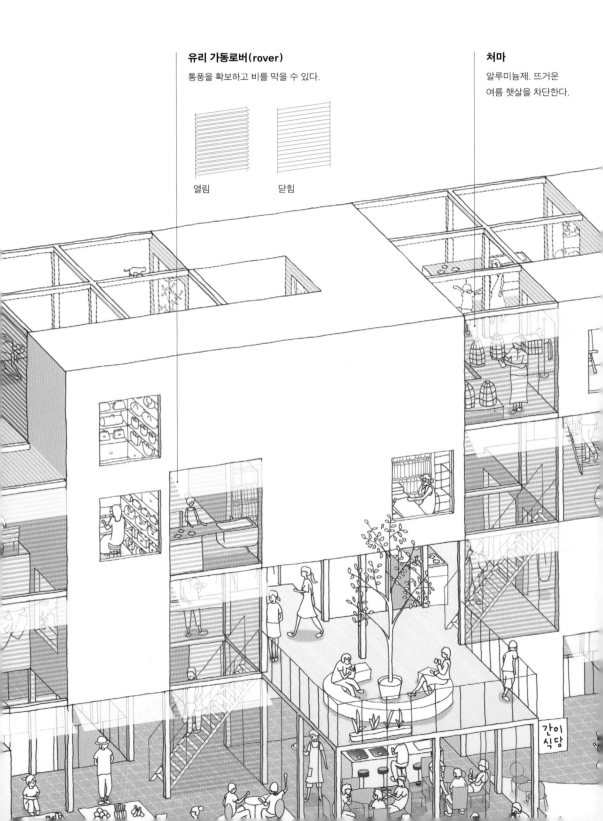

유리 가동로버(rover)

통풍을 확보하고 비를 막을 수 있다.

열림　　　　　닫힘

처마

알루미늄제. 뜨거운 여름 햇살을 차단한다.

간이 식당

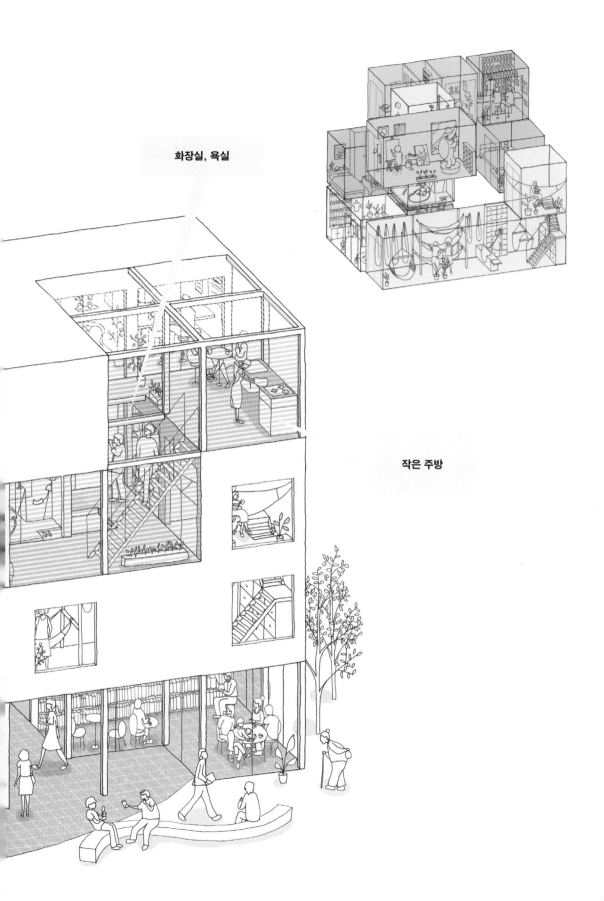

화장실, 욕실

작은 주방

프리마켓 | 상점들이 모여 있어 언제나 찾아갈 수 있는 프리마켓 같은 장소가 된다.

식당과 주방 │ 식당에서는 식사를 할 수도 있고 주방을 빌릴 수도 있다.

공동이동수단 │ 자연에서 보는 언덕처럼 위층까지 슬로프가 이어져 있다. 위층에도 가게가 있다.

2 어떻게 운영할 것인가

'1가구 1주택'의 관리는 모두 자기책임이다. 그리고 교통망,
에너지망, 하천, 항만, 상하수도, 환경 등이 국가행정이 마련한
사회기반시설(Infrastructure)에 접속된다. 사회기반시설은 국가가
책임지고 정비한다. 1가구 1주택 내부에서 독자적으로 실행하기
어려운 육아, 간병, 간호 등의 복지서비스, 또는 건강유지서비스도
역시 국가의 보조가 필요하다. 그것도 이른바 1가구 1주택을
지원하는 사회기반시설이다. 하지만 주택과 그 내부에서의
상부상조는 자기책임이고 그것을 지원하는 사회기반시설은
행정책임이라는 이 엄밀한 경계가 이제는 파탄 상태에 이르렀다.
발전소에서 대량으로 생산된 에너지를 200킬로미터 이상이나
떨어진 장소에 공급하는 생산과 소비 관계는 파탄에 이르렀다.
그뿐 아니라 고속도로를 시속 150킬로미터로 달릴 수 있는
고성능 자동차가 도시의 생활도로에까지 침입한다. 도시정책
(교통정책)이나 자동차의 성능을 생각하더라도 큰 부담이다.
국가행정은 재정위기를 이유로 복지서비스의 질이나
범위를 가능하면 축소하려고 한다. 복지의 본래 구도 자체가
파산 직전에 이른 것이다. 따라서 자기책임과 국가관리의 경계를
변경해야 한다.
　'지역사회권'은 직접 에너지를 생산하고 소비한다.
가능하면 직접 복지서비스를 부담하고 편리한 교통시스템과

상부상조시스템을 만든다. 어떤 식으로 에너지를 만들고 어떻게 소비할 것인지, 또는 어떤 식으로 상부상조시스템을 만들 것인지에 관한 문제들을 거주시스템과 함께 생각한다. '거주시스템과 함께'라는 부분이 매우 중요하다.

지역사회권에서는 가능한 한 자연에너지를 사용한다. 통풍이 잘 되는 환경을 만들고 여름에 내리쬐는 직사광선을 피하며 건물의 단열성능을 높이는 것만으로도 에너지 소비를 줄일 수 있다. 태양광발전이나 태양열 같은 대체에너지는 소비방식과 함께 생각한다. 1가구 1주택은 소비 효율성이 매우 나쁜 생활방식이다.

혼자 살아도 되고 두 명이나 세 명이 함께 살아도, 가족이 함께 살거나 더 많은 사람들이 함께 살아도 된다고 생각하는 사람들에게 지역사회권이야말로 가장 살기에 편하다는 애착을 가지게 하려면 어떻게 해야 할까. 이런 애착이야말로 지역사회권 운영의 중심에 놓여야 한다. 다음과 같은 일곱 가지 항목을 통해 그 실현성을 생각해보자.

● 시설 공유 ● 용적임대 ● 지역 내 일자리 ● 생활편의시설
● 에너지 절약과 쾌적한 환경 ● 조립식 주택 ● 공동이동수단

시설 공유

지역사회권은 작은 전용부분과 그것을 보완하는 커다란 공용부분으로 구성된다. 기존의 주택은 각각의 내부에 생활에 필요한 설비나 비품을 갖추었지만 지역사회권에서는 그것들을 공유한다. 즉 크고 작은 다양한 시설을 공유한다. 예를 들면 욕실, 화장실, 작은 주방을 다섯-일곱 명이 공유하는 식이다. 이것을 기본그룹(S그룹)이라고 부른다. S그룹 여섯 개가 모여 가정용연료를 공유한다. 이것을 가정용연료그룹(M그룹)이라고 부른다. 그리고 M그룹이 네 개 모여 스

파나 세탁, 공동수납, 식당, 발전기를 공유한다. 이것을 생활기반시설그룹(L그룹)이라고 부른다. 그리고 L그룹이 네 개 모여 생활편의시설그룹(XL그룹)을 형성한다. 생활편의시설그룹은 24시간생활스테이션이나 편의점 등을 공유한다. 하나의 S그룹은 다른 S그룹과 연속되어 있기 때문에 하나의 그룹이 배타적으로 닫혀 있는 경우는 없다. 그리고 각 시설마다 다른 집단이 형성되기 때문에 주민들은 항상 다른 집단과 관계를 맺는다.

S 5-7명

기본그룹   위생, 물을 공유하는 그룹. 물과 관련된 생활시설도 공유한다. 이용할 때에는 '지역사회권카드'로 결제한다.

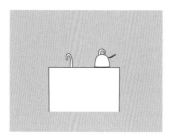

작은 주방

화장실

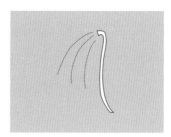

욕실

M 30-45명

가정용연료그룹   가정용연료를 공유하는 그룹(S그룹×6).

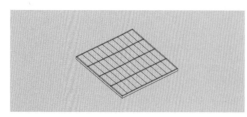

태양광발전

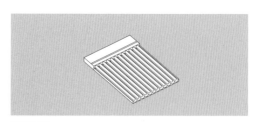

태양열 이용

L 120–150명

생활기반시설그룹　생활기반시설을 공유하는 그룹(M그룹×4).

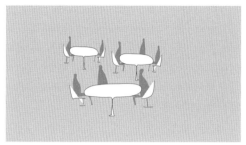

식당+주방

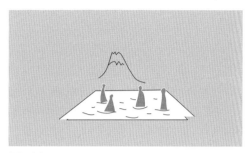

목욕+세탁

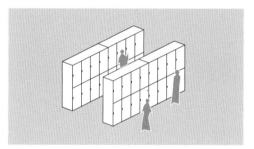

공동수납

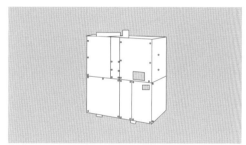

병합발전기(CO-Generation system, 한 에너지원에서 전기와 열 등
두 개 이상의 에너지를 만들어내 이용하는 시스템)

XL 500명

생활편의시설그룹　생활지원을 공유하는 그룹(L그룹×4).

24시간생활스테이션(만남의 장)

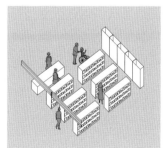

편의점

간병과 육아 공간

용적임대

사에키 료타 佐伯亮太

지역사회권과 기존 맨션(분양아파트)의 차이는 전용과 공용의 비율을 재편한다는 데 있다. 지역사회권에는 유닛 내부에 욕실, 화장실, 주방 설비가 없다. 거주자는 가능하면 전용하는 물건이나 설비를 줄이고 작은 전용부분과 큰 공용부분을 사용하는 간편한 생활을 한다. 그러한 생활방식을 지원하기 위해 공용부분에는 공동수납장을 배치해 주변의 생활필수품 등을 여기에 수납하게 한다. 전용부분인 집의 형태나 사용

방법은 지금보다 더 다양해진다. 면적이 아닌 용적단위로 빌리기 때문에 같은 임대가격으로도 천장이 높은 집이나 바닥 면적이 넓은 집 등 다양한 형태의 집을 임대할 수 있다. 또 전용부분이 줄어들기 때문에 지금보다 낮은 가격으로 임대할 수 있다. 임대매니저가 모든 집을 관리하므로 임대 여부를 알 수 있다. 예를 들어 이웃이 다른 집으로 이동했을 때 벽을 개방하는 방식으로 집을 확장할 수 있다.

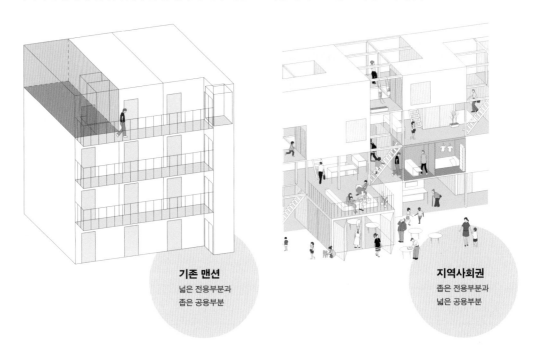

기존 맨션
넓은 전용부분과
좁은 공용부분

지역사회권
좁은 전용부분과
넓은 공용부분

기존 맨션

80-85% · 20-15%

전용 · 공용

30-40% · 60-70%

지역사회권

전용과 공용의 면적 비율을 재편해 여러 가지를 공유하기 때문에 새로운 생활방식과 풍요로움이 탄생한다.

시스템의 특징

목욕탕 근처에 위치해
갈아입을 옷을 넣어둔다

우편물 넣는 곳

0.8m×1.2m
×2.6m
3,000엔/월

공용부분의 다양한 장소에
수납장이 설치되고 수납물에 맞는
관리서비스도 이루어진다.

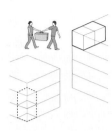

집 안에 소유물이 줄어들기 때문에
이사할 때도 힘들지 않다.

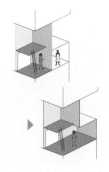

이웃 큐브와의 패널(벽)을 없애
확장할 수도 있다.

• 어린이 두 명
• 넓은 방
• 안마당에 면한 장소

큐브를 관리하는 매니저가
생활방식이나 임대방식에 대한
주민들의 요구에 대응한다.

월세 설정 내역

월세 $=$ 전용용적 m^3 × 800엔 $+$ 16,000엔 $+$ 6,400엔 × 큐브 수

전용부분 사용요금 / 주변 임대 시세를 기준으로 산출한 용적단가 / 공용부분 사용요금 / 공익관리비+수리적립금

전용부분

공용부분

큐브 수	1	2	3	4	5
전용용적(m^3)	15	30	45	60	75
월세(엔)	34,400	52,800	71,200	89,600	108,000

• 예: 2큐브=30m^{3}를 임대하는 경우의 계산=(30m^3×800엔)+16,000엔+6,400엔×2큐브=52,800엔

면적과 월세의 각종 비교

		인터넷카페(1인용 PC방)	간이숙박업소	지역사회권	원룸맨션
전용면적과 월세 1개월분		1.6m 1.2m 1.8m 2.2m²(1부스) 60,000엔*1	2.6m 1.8m 2.7m 4.9m²(다다미 1장) 66,000엔*2	2.6m 2.4m 2.4m 5.8m²(1큐브) 34,400엔	3m 5m 5m 25.0m²(1K) 65,000엔
초기비용		없음	없음	없음	보증금/소개비
설비	전용	컴퓨터	이불·텔레비전	없음	화장실/욕실/주방
	공용	화장실/욕실	주방/화장실/욕실	화장실/욕실/작은 주방/목욕탕/주방/텃밭/공동수납/생활편의시설/공동이동수단/광장 등	승강기/계단/복도

• 1 이용요금 1,200엔/시간으로 체류, 10시간/일×30일   • 2 숙박비용 2,200엔/일×30일

지역 내 일자리

마나베 유리 真鍋友理

일본 취업자의 약 80퍼센트는 봉급생활자이고 대부분은 예순 살에서 예순다섯 살 사이에 정년퇴직을 한다. 퇴직한 뒤에는 일방적으로 서비스를 받는 입장이 된다. 그러나 체력과 지식 양면에서 젊은이에게 뒤지지 않는 의욕 넘치는 고령자는 얼마든지 있다. 한편 젊은 사람 중에도 직접 사무실을 소유하는 등 독자적으로 일하려는 사람이 증가하고 있다. 일이란 원래 영역이 넓고 유연하다. 지역사회권에서는 이렇듯 다양한 입장에 놓여 있는 사람들이 각자의 방식으로 일할

수 있다. 지역사회권에서는 자신의 집에 반드시 '개방공간'이 있기 때문에 이곳을 이용해서 물건이나 음식을 판매하는 등 여러 가지 서비스를 제공할 수 있다. 큐브 여러 개를 빌려 본격적으로 상점을 운영할 수도 있다. 집을 사무실이나 아틀리에로 사용할 수도 있다. 또한 지역사회권에서는 생활에 필요한 일이나 문제를 상담하는 장소가 있어서 지역의 수요와 공급 경향을 파악할 수 있다. 주민은 어떤 경우에는 공급자 쪽에, 어떤 경우에는 수요자 쪽에 서게 된다. 일을 하고 받은 대금은 '지역사회권카드'에 적립해 사용할 수 있다. 주민이 개방공간을 가지고 있기 때문에 지역공동체를 형성할 수 있다.

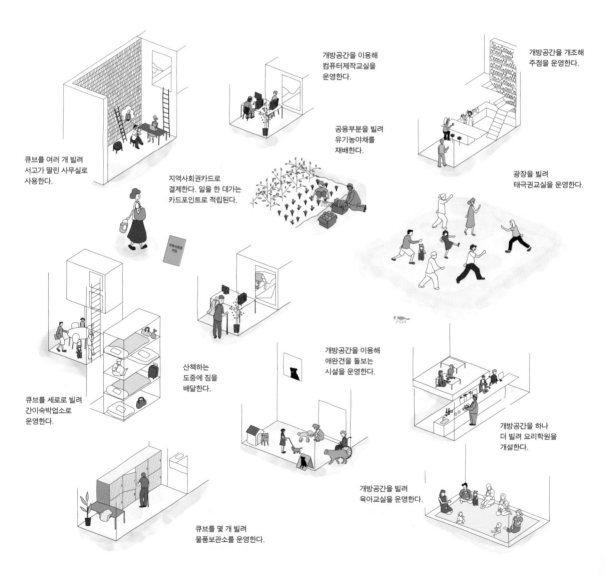

큐브를 여러 개 빌려 서고가 딸린 사무실로 사용한다.

지역사회권카드로 결제한다. 일을 한 대가는 카드포인트로 적립된다.

개방공간을 이용해 컴퓨터제작교실을 운영한다.

공용부분을 빌려 유기농야채를 재배한다.

개방공간을 개조해 주점을 운영한다.

광장을 빌려 태극권교실을 운영한다.

큐브를 세로로 빌려 간이숙박업소로 운영한다.

산책하는 도중에 짐을 배달한다.

개방공간을 이용해 애완견을 돌보는 시설을 운영한다.

개방공간을 하나 더 빌려 요리학원을 개설한다.

큐브를 몇 개 빌려 물품보관소를 운영한다.

개방공간을 빌려 육아교실을 운영한다.

'개방공간'의 예   스스로 연구해 자신에게 맞는 상점을 열 수 있다. 자신을 표현하는 장소이기도 하다.

북코디네이션
Book coordination
①

만화에서 철학서적까지
북코디네이터가 책을
선택해준다.

CHOITASHI SHOKUDO
간이식당
⑤

컬라면+레몬슬라이스+
남플라=베트남 쌀국수 맛
(200엔)

꽃 풀 집
⑦

쓰루미가와 옆의 제비꽃 20엔
미쓰이케 공원의 냉이 15엔
가게쓰엔의 민들레 30엔

**니카
건축설계
스튜디오**
㉚

마을의 건축가.
디자인 관련 문제라면
무엇이든 상담할 수 있다.

**식기
대여**
Utsuwa Rental
⑨

이마리야키 500엔/1일
히젠야키 300엔/1일
마이센 300엔/1일

**마작
BAR**
30분 500엔
⑭

음료는 무료. 마른안주는
300엔부터.

낡은 가구
수리
후지모리가구
FUJIMORI FURNITURE
⑮

가구디자이너의 아틀리에 겸
상점. 낡은 가구를 신상품처럼
수리해준다.

의상대여
⑯

핸드백, 양복, 액세서리,
데이트용·파티용 의상 대여.

ZZZZZZZZZZZ
하이마트
zzz · 숙박 2000엔
⑰

숙박 2,000엔(세면대가
딸린 개인실).

간이주점
5시-8시 ㉓ 10시-3시

봉급생활자 두 명이 영업하는
근무시간 외 간이주점.

생활편의시설

마나베 유리

최근 국가예산의 일반세출에서 사회보장 관련 비용이 차지하는 비율은 2분의 1 이상이다. 고령화 영향으로 이 비용은 계속 증가하고 있으며 파탄 직전 상태라는 말도 나오고 있다. 현재 재원확보 대책으로 내세우는 것은 국민에게 세부담을 증가시키고 서비스의 범위를 줄이는 것밖에 없다. 간병보험을 예로 들면 행정부와 고령자의 부담이 매년 증가하면서 가벼운 생활원조는 제외하는 쪽으로 방향이 잡히고 있다. 지역사회권에서는 국민 부담을 증가시키거나 서비스를 제외하는 방식이 아니라 지역에서 서로가 서로를 돕는 시스템을 제안한다. 이 시스템의 중추를 담당하는 장소를 생활편의시설이라고 부른다. 이 시설 안에는 생활문제를 상담하는 장소, 간병설비, 탁아설비, 진료실 등이 있다. 편의점이나 카페도 있어서 방문하기 편하다. 생활편의시설에는 서포트리더, 매니저 등이 배치되어 생활을 지원한다. 서포트리더는 이용자와 생활지원을 적절하고 확실하게 연결하고 매니저는 전문적인 서비스를 제공한다. 이 모든 것이 한 장소에 있기에 필요한 서비스를 효율적이고 세밀하게 제공할 수 있으며 행정부나 이용자의 부담도 줄어든다.

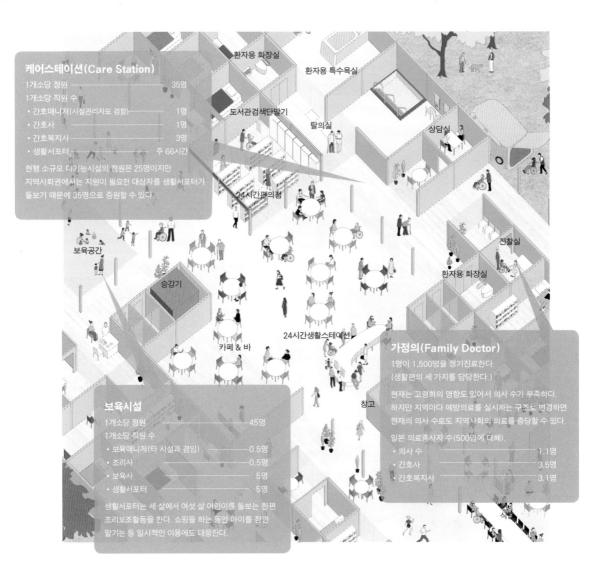

케어스테이션(Care Station)

1개소당 정원	35명
1개소당 직원 수	
• 간호매니저(시설관리자 겸함)	1명
• 간호사	1명
• 간호복지사	3명
• 생활서포터	주 66시간

현행 소규모 다기능시설의 정원은 25명이지만 지역사회권에서는 지원이 필요한 대상자를 생활서포터가 돌보기 때문에 35명으로 증원할 수 있다.

환자용 화장실
환자용 특수욕실
도서관검색단말기
탈의실
상담실
24시간편의점
진찰실
환자용 화장실
보육공간
승강기
창고
카페 & 바
24시간생활스테이션
식당

보육시설

1개소당 정원	45명
1개소당 직원 수	
• 보육매니저(타 시설과 겸임)	0.5명
• 조리사	0.5명
• 보육사	5명
• 생활서포터	5명

생활서포터는 세 살에서 여섯 살 어린이를 돌보는 한편 조리보조활동을 한다. 쇼핑을 하는 동안 아이를 잠깐 맡기는 등 일시적인 이용에도 대응한다.

가정의(Family Doctor)

1명이 1,500명을 정기진료한다.
(생활편의 세 가지를 담당한다.)

현재는 고령화의 영향도 있어서 의사 수가 부족하다. 하지만 지역마다 예방의료를 실시하는 구조로 변경하면 현재의 의사 수로도 지역사회의 의료를 충당할 수 있다.

일본 의료종사자 수(500명에 대해).

• 의사 수	1.1명
• 간호사	3.5명
• 간호복지사	3.1명

주요 기능

24시간생활스테이션　　24시간편의점　　정보패널　　카페 & 바　　진찰실　　간병시설　　보육시설

어떤 식으로 활동하는가

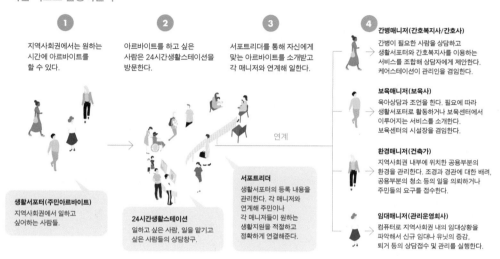

1 지역사회권에서는 원하는 시간에 아르바이트를 할 수 있다.

2 아르바이트를 하고 싶은 사람은 24시간생활스테이션을 방문한다.

3 서포트리더를 통해 자신에게 맞는 아르바이트를 소개받고 각 매니저와 연계해 일한다.

연계

생활서포터(주민아르바이트)
지역사회권에서 일하고 싶어하는 사람들.

24시간생활스테이션
일하고 싶은 사람, 일을 맡기고 싶은 사람들의 상담창구.

서포트리더
생활서포터의 등록 내용을 관리한다. 각 매니저와 연계해 주민이나 각 매니저들이 원하는 생활지원을 적절하고 정확하게 연결해준다.

4 **간병매니저(간호복지사/간호사)**
간병이 필요한 사람을 상담하고 생활서포터와 간호복지사를 이용하는 서비스를 조합해 상담자에게 제안한다. 케어스테이션이 관리인을 겸임한다.

보육매니저(보육사)
육아상담과 조언을 한다. 필요에 따라 생활서포터로 활동하거나 보육센터에서 이루어지는 서비스를 소개한다. 보육센터의 시설장을 겸임한다.

환경매니저(건축가)
지역사회권 내부에 위치한 공용부분의 환경을 관리한다. 조경과 경관에 대한 배려, 공용부분의 청소 등의 일을 의뢰하거나 주민들의 요구를 접수한다.

임대매니저(관리운영회사)
컴퓨터로 지역사회권 내의 임대상황을 파악해서 신규 임대나 유닛의 증감, 퇴거 등의 상담접수 및 관리를 실행한다.

누가 일하는가

주민 1인당 일주일에 반나절을 일한다. 생활서포터로 일하면서 지역사회권의 생활을 지원한다.

후보주민	65세 이상의 건강한 고령자 56/500명 고등학생·대학생·전문대학생 32/500명 45~64세 전업주부 60/500명	**148명**
반나절당	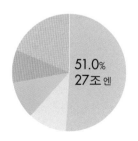	**10명**
시급		**800엔**

어떤 일을 하는가

아이들보기　　간병보조　　동행보조

가사대행

생활상담

어린이 학습보조　　생활용품관리　　공용부분의 환경정리

일반회계에서 차지하는 사회보장관계비용의 비율

51.0%
27조엔

의료, 위생, 간병, 육아, 장애인 등에 대한 예산은 국가예산일반회계의 절반 정도를 차지하고 있으며 해마다 그 비율이 증가하고 있다.

- 사회보장관계비용
- 공공사업비용
- 문교·과학진흥비용
- 방위관계비용
- 그 외

간병 필요 환자에 대한 방문간병(생활지원·신체간병) 이용 상황

■ 생활지원중심형　■ 신체간병중심형

생활지원부분을 생활서포터가 담당함으로써 보건비용을 줄일 수 있으며 전문가의 부담이 줄어든다.

	1도	2도	3도	4도	5도
생활지원중심형	72.3	63.8	49.5	33.7	19.9
신체간병중심형	27.7	36.2	50.5	66.3	80.1

생활지원 청소, 세탁, 침대청소, 의류정리, 의류수선, 일반적인 조리, 식사준비 및 제공, 쇼핑, 약 전달 등.

신체간병 배설·식사보조, 때밀이, 목욕, 미용, 체위변환(체질 개선), 이동보조, 외출보조, 기상·취침보조, 약물복용보조, 자립지원보조 등.

간병이 필요한 이용자 1인의 1개월당 이용시간 구성비율(1개월당 방문간병 제공시간의 합계를 100%로 삼는 경우, 2010년 3월 서비스 분/4월 심사분)

에너지 절약과 쾌적한 환경

나카타 마사미 中田雅実

지역사회권은 장소의 특성에 맞게 건설되며 밀도는 높아도 쾌적한 주거환경을 위한 건축학적 연구가 시행된다. 집의 절반을 옥외의 공용부분과 연결하는 방법으로 각 집에 바람의 흐름과 전체적인 통풍을 확보한다. 크고 작은 광장을 둘러싼 형태로 바람을 끌어들이고 건물 상부를 흐르는 바람과의 압력 차이를 이용해 바람이 수직 공간을 빠져나가는 구조로 만든다. 대

지 안으로 흘러들어온 바람은 가동루버창으로 조절되어 건축 내부로 흘러들어온다. 각 집은 자연에너지를 이용한 냉난방으로 온도를 조절한다. 남면과 서면에 위치하는 개인실 외벽에는 처마를 설치해서 직사광선으로 인한 열부하를 경감시킨다. 전체적으로는 해풍처럼 늘 불어오는 바람의 방향에 따라 집중적으로 나무를 심어서 건물로 흘러들어오는 바람을 냉각한다. 또 부하가 많이 걸리는 부분에는 국소적으로 냉난방설비를 설치해서 항상 상쾌하고 바람이 잘 통하는 쾌적한 주거환경을 지향한다.

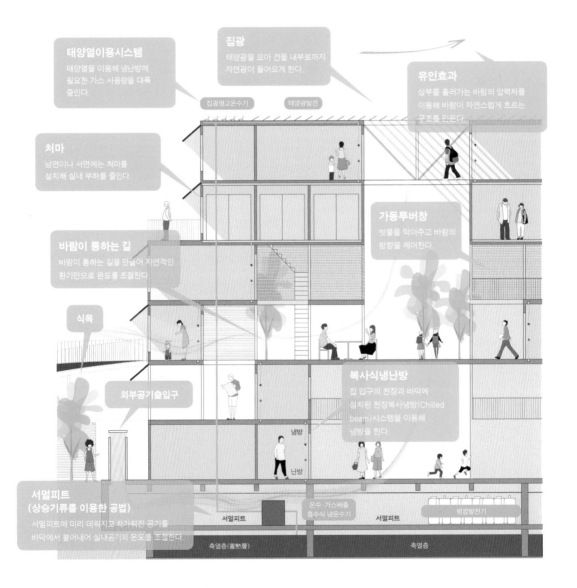

태양열이용시스템
태양열을 이용해 냉난방에 필요한 가스 사용량을 대폭 줄인다.

집광
태양광을 모아 건물 내부로까지 자연광이 들어오게 한다.

집광형고온수기   태양광발전

유인효과
상부를 흘러가는 바람의 압력차를 이용해 바람이 자연스럽게 흐르는 구조를 만든다.

처마
남면이나 서면에는 처마를 설치해 실내 부하를 줄인다.

가동루버창
빗물을 막아주고 바람의 방향을 제어한다.

바람이 통하는 길
바람이 통하는 길을 만들어 자연적인 환기만으로 온도를 조절한다.

식목

외부공기출입구

복사식냉난방
집 입구의 천장과 바닥에 설치된 천장복사냉방(Chilled beam)시스템을 이용해 냉방을 한다.

냉방

난방

서멀피트
(상승기류를 이용한 공법)
서멀피트에 미리 데워지고 차가워진 공기를 바닥에서 불어내어 실내공기의 온도를 조절한다.

서멀피트   온수 가스배출 흡수식 냉온수기   서멀피트   병립발전기

축열층(蓄熱層)   축열층

전체계획/다공질건축, 바람이 빠져나가는 형태

식목을 이용해 공기를 식힌다.

동선을 나선 모양으로 설치, 바람이
빠져나갈 수 있는 통로를 확보한다.

연속적으로 이어져 있는 옥외공간으로
바람이 빠져나가도록 구성한다.

컨테이너규격의 큐브를 입체적으로 조합시켜 다공질건축을 시행할 수 있다. 나무를 심거나
상층부의 압력 차이를 이용해 바람을 끌어올리는 방법으로 시원한 바람을 적극적으로 유도한다.

에너지 생산과 소비의 흐름

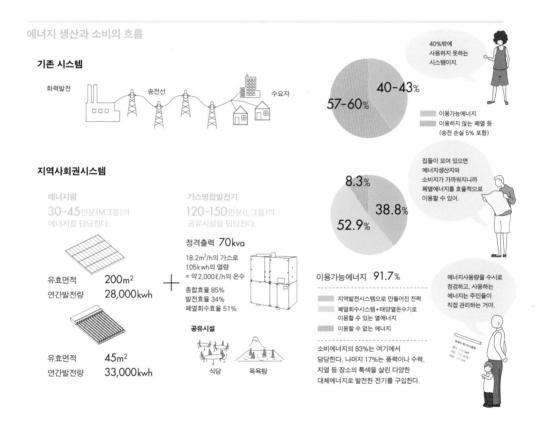

기존 시스템

화력발전   송전선   수요자

40%밖에
사용하지 못하는
시스템이지.

40-43%
57-60%

이용가능에너지
이용하지 않는 폐열 등
(송전 손실 5% 포함)

지역사회권시스템

에너지팜
30-45인분(M그룹)의
에너지를 담당한다.

유효면적   200m²
연간발전량 28,000kwh

유효면적   45m²
연간발전량 33,000kwh

가스병합발전기
120-150인분(L그룹)의
공유시설을 담당한다.

정격출력 70kva

18.2m³/h의 가스로
105kwh의 열량
= 약 2,000ℓ/h의 온수

종합효율 85%
발전효율 34%
폐열회수효율 51%

공유시설

식당   목욕탕

집들이 모여 있으면
에너지생산지와
소비지가 가까워지니까
폐열에너지를 효율적으로
이용할 수 있어.

8.3%
38.8%
52.9%

이용가능에너지 **91.7%**

지역발전시스템으로 만들어진 전력
폐열회수시스템+태양열온수기로
이용할 수 있는 열에너지
이용할 수 없는 에너지

소비에너지의 83%는 여기에서
담당한다. 나머지 17%는 풍력이나 수력,
지열 등 장소의 특색을 살린 다양한
대체에너지로 발전한 전기를 구입한다.

에너지사용량을 수시로
점검하고, 사용하는
에너지는 주민들이
직접 관리하는 거야.

1일 1인당 에너지소비량

• 지역생산에너지를 이용한 효율성
• 소비인원수의 최적화

1가구 1주택				→	지역사회권			
물	전기	가스	이산화탄소		물	전기	가스	이산화탄소
250ℓ	16.1kwh	1.0m³	11kg		250ℓ	11.4kwh	0.25m³	6.86kg

조립식주택

다나카 구니아키 田中邦明

지역사회권의 집은 단순한 프레임과 패널을 조립하여 설치한다. 입체적인 방을 꾸미기 위해 프레임에 패널을 끼우는 방식이며 프레임과 패널은 모두 최대 치수 2.4×2.4×2.6미터의 컨테이너규격을 사용한다. 그 지역에 맞는 공통견적서를 만들어 부자재나 접합부를 비롯한 세밀한 부분을 통일한다. 그렇게 함으로써 대량생산을 통한 비용 절감 효과를 얻는다. 부자재의 크기를 컨테이너규격으로 통일하기 때문에 일반

도로를 주행할 수 있는 중형트럭을 언제든지 이용할 수 있다. 또는 내부 인테리어까지 완성해 운반할 수도 있다. 이를 통해 종합적인 공사비용을 1제곱미터당 18만 엔 정도로 줄일 수 있다. 잡벽, 내진벽 등 몇 종류의 프레임 패널을 조합하는 방식을 통해 작은 침실 공간에서부터 커다란 체육관 공간까지 자유롭게 만들 수 있다. 이런 제작방식으로 거주자의 구성이나 이용방법의 변화에 대응한다.

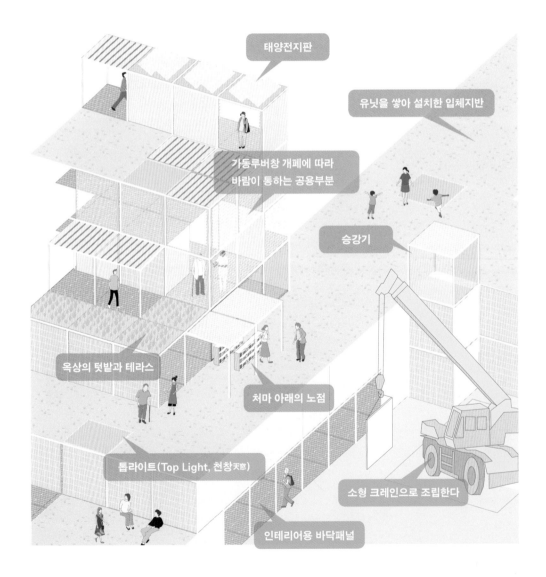

태양전지판

유닛을 쌓아 설치한 입체지반

가동루버창 개폐에 따라 바람이 통하는 공용부분

승강기

옥상의 텃밭과 테라스

처마 아래의 노점

톱라이트(Top Light, 천창天窓)

소형 크레인으로 조립한다

인테리어용 바닥패널

컨테이너 유닛을 통한 비용 절감

생산 → **수송** **시공**

컨테이너트럭
적재 능력
12.0×2.4×2.6m

25톤급 크레인
작업 반경 19.0m
인양 능력 2,450kg
작업 공간 7.5m×7.5m
비용 7-8만 엔/일

• 대량생산을 통한 비용 절감.
• 접합부를 비롯한 세밀한 부분의 통일.

• 언제든지 일반도로를 이용할 수 있는 크기.

• 소형 크레인을 이용한 비용 절감.
(100톤급 크레인의 경우 150만 엔/일)

기본 프레임과 부자재 치수

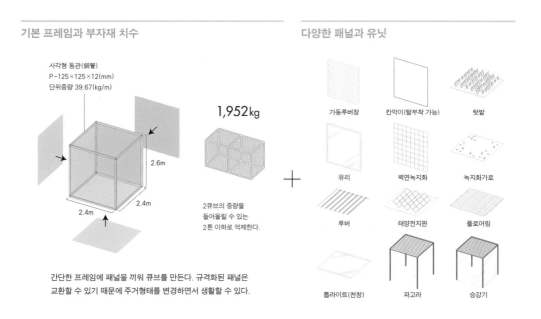

사각형 동관(鋼管)
P-125×125×12(mm)
단위중량 39.67(kg/m)

1,952kg

2.6m
2.4m
2.4m

2큐브의 중량을
들어올릴 수 있는
2톤 이하로 억제한다.

간단한 프레임에 패널을 끼워 큐브를 만든다. 규격화된 패널은
교환할 수 있기 때문에 주거형태를 변경하면서 생활할 수 있다.

다양한 패널과 유닛

가동루버창   칸막이(탈부착 가능)   텃밭

유리   벽면녹지화   녹지화가로

루버   태양전지판   플로어링

톱라이트(천창)   파고라   승강기

기본 프레임과 부자재 치수

프레임과 패널을 조립하는 방법에 따라 커다란 공간을
만들어낼 수도 있다. 탄탄한 구조물로 고정하지 않기 때문에
어떤 장소에서도 변화나 개조가 가능하다.

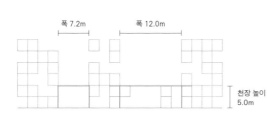

폭 7.2m   폭 12.0m

천장 높이
5.0m

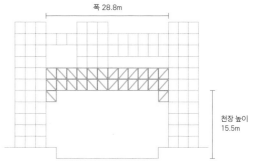

폭 28.8m

천장 높이
15.5m

최대 7.2m(컨테이너의 총 길이)의 인공지반용 패널을 설치하고
좌우의 큐브를 이용해 보강한다.

2유닛분의 두께 5.2m에 브레이스(Brace)를 걸치는 방법으로 커다란
대들보로 이용, 기둥이 없는 거대한 공간을 만든다.

71

공동이동수단

다마타 마코토 玉田誠

현재의 교통시스템은 자가용과 버스, 전철 등의 공공교통으로 이루어졌기 때문에 교통정체에 시달리거나 좁은 도로에까지 자동차가 진입하는 위험에 늘 노출되어 있다. 지역사회권에서는 장거리나 중거리 이동은 전철이나 버스 등 공공교통을 이용하고 자동차는 주민들이 함께 사용함으로써 유지관리비용이나 주차장을 줄인다. 거주지역 내부에서는 공동이동수단(Community Vehicle, CV)을 이용한다. CV는 자전거나 전동휠체어보다 적재능력이 높고 폭이 좁은 길이나 건물 안에도 진입할 수 있다. 지역 내부에는 CV전용도로와 CV배터리를 교환할 수 있는 CV역 같은 기반시설을 정비한다. CV에 어린이나 노약자를 태우고 근처 역이나 스파에 갈 수 있다. 이동거리나 용도에 맞는 세밀한 교통기반시설을 정비하면 생활방식 자체를 바꿀 수 있다.

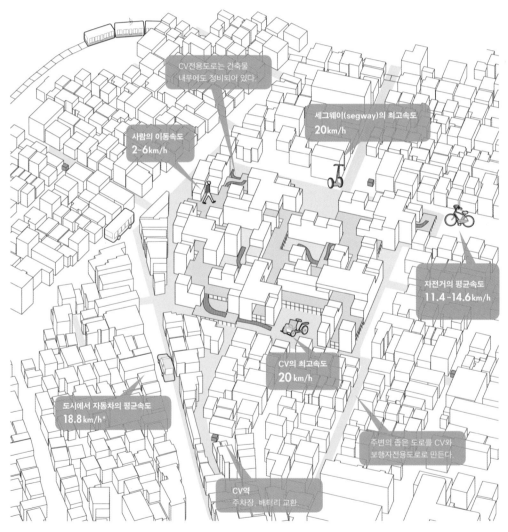

CV전용도로는 건축물 내부에도 정비되어 있다.

세그웨이(segway)의 최고속도
20km/h

사람의 이동속도
2-6km/h

자전거의 평균속도
11.4-14.6km/h

CV의 최고속도
20 km/h

도시에서 자동차의 평균속도
18.8km/h*

주변의 좁은 도로를 CV와 보행자전용도로로 만든다.

CV역
주차장, 배터리 교환

* 일반도로에서 자동차의 규정속도는 20-60km/h이지만 도시에서의 실제 평균속도는 18.8km/h이다.

거리와 용도에 맞는 이동수단의 선택

걷기 — 이동이 간편하다

가장 간편한 이동수단이지만 먼 거리를 이동하거나 비가 올 때, 짐을 들고 있을 때는 불편하다. 고령화가 진행되고 있는 지역에서는 현실적이지 않다.

공동이동수단 — 지역사회권 고유의 중간적 이동수단

전철 — 이동이 빠르다

먼 거리를 이동할 때는 적합하지만 조금 불편하다. 더구나 자동차 의존도가 높아지면 교통체증 등 도시문제와도 연결된다.

공동이동수단(CV)

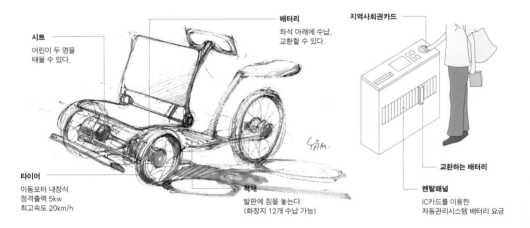

시트
어린이 두 명을 태울 수 있다.

배터리
좌석 아래에 수납, 교환할 수 있다.

지역사회권카드

타이어
이동모터 내장식
정격출력 5kw
최고속도 20km/h

적재
발판에 짐을 놓는다.
(화장지 12개 수납 가능)

교환하는 배터리

렌탈패널
IC카드를 이용한
자동관리시스템 배터리 요금

CV전용도로 정비로 CV의 성능 향상

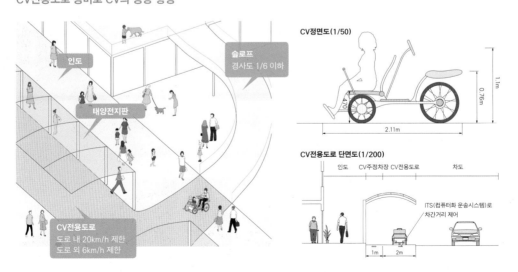

인도

슬로프
경사도 1/6 이하

태양전지판

CV전용도로
도로 내 20km/h 제한
도로 외 6km/h 제한

CV정면도(1/50)

1.1m
0.76m
470
2.11m

CV전용도로 단면도(1/200)

인도   CV주정차장 CV전용도로   차도

ITS(컴퓨터화 운송시스템)로
차간거리 제어

1m   2m

교외고밀도 모델

나카 도시하루 仲俊治

바람이 풍부한 일반시가지

교외에 위치하면서 밀도가 매우 높은 대지인 요코하마시(横浜市) 쓰루미구(鶴見区). JR 쓰루미역에서 해안가 공업지대로 뻗어 있는 전철을 타고 두 번째 정거장에서 내리면 바로 옆, 폐교가 된 공업고등학교 자리가 그곳이다. 대지의 크기는 2.3헥타르로 여기에 1,700명(헥타르당 750명)이 모여 사는 집합주택을 구상해보았다.

남쪽으로 펼쳐진 공업지대를 제외하면 주변의 인구밀도는 헥타르당 215명. 1가구당 인원수는 1.87명으로 두 명에 못 미친다. 주민의 고령화지수는 200 전후인 지역도 있어서 요코하마 시의 평균수치를 넘는다. 독신화, 고령화가 진행되고 있다는 사실도 통계를 통해서 알 수 있다.

대지 주변의 인상을 단적으로 표현하면 소시민적인 냄새가 물씬 풍기는 일반시가지다. 바다가 가깝고 바람이 풍부하다. 그곳에 세대, 직업, 국적이 다양한 사람들이 생활하면서 일도 하고 있다. 주변 일대는 2-3층 건물이 즐비하게 늘어서 있다. 단독주택, 목재임대아파트, 원룸아파트, 공사관계자 기숙사,

주변지역의 규모와 조화를 고려한다.

작은 점포, 가내공장 등 다양한 건물들이 보인다. 도로에는
화분들이 줄지어 있고 저녁이 되면 사람들이 시원한 바람을 쐬러
나온다. 쓰루미 강을 따라 이어져 있는 공장대지에는 성냥갑 같은
모양의 고층맨션이 세워져 있고 아래쪽은 거대한 주차장이 있다.
새로운 건물이 들어서면 자연이나 지면과 점차 멀어진다는 걸
여실히 보여준다. 그런 의미에서도 전형적인 일반시가지의
풍경이라고 할 수 있다.

건물들의 이런 특징은 공원이나 녹지가 매우 적다는 점에서도
강한 인상을 남긴다. 이곳의 녹지면적은 시의 평균을 크게
밑돈다. 과거에 이곳이 교외의 농업지대였다는 점을 떠올리면
2차세계대전 이후에 토지를 분할매매하면서 녹지대가
사라진 것 같다. 그 때문에 커다란 공터나 공원 같은 것은 없다.
좁은 도로가 귀중한 외부공간일 뿐이다. 그래서 좁은 골목을
장점으로 살릴 수 있는 방법은 없을지 생각해보았다.

대지 남쪽에는 게이힌공업지대(京浜工業地帶) 일부가 펼쳐져
있다. 최근에는 산업구조 변화로 공장이 연구소로 바뀌거나
새로운 이화학연구소, 시립대학대학원이 조성되어 공장노동자

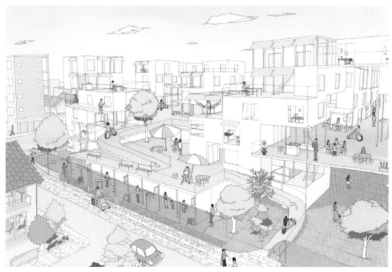

거리에서 이어지는 공원 같은 언덕에 집을 배치한다.

이외에도 연구원이나 학생 들이 이 지역을 자주 방문한다.
쓰루미구의 또 다른 특징 가운데 하나는 외국인거주자가 많다는
점이다. 인구의 3.5퍼센트가 외국인이다.
　이런 장소이기 때문에 집합주택이면서 다양한 사람들이
모일 수 있는 장소로 만들어야겠다고 생각했고 이 생각은 통풍이
잘 되고 공원과 일체화된 지역사회권의 이미지와 연결되었다.

'언덕'이 있는 저층고밀도 모델

쓰루미 지역사회권은 2-3층 높이의 '언덕'이라 이름 붙인
녹색 개방공간에 여러 집을 모아서 배치한다. 6층 건물이
최대 높이인데, 이런 구성을 통해 주변지역에 개방공간을
제공함으로써 건물의 높이를 낮게 억제할 수 있다.(아래 사진 참조)
　언덕은 지상에서 슬로프로 연결되며 주변으로 활짝 열려 있는
녹지가 풍부한 공원이다. 그와 동시에 취미활동을 하는 장소나
일터(개방공간)가 인접한 상점가 같은 장소이기도 하다.
'언덕' 아래에는 생활편의시설 등의 생활지원공간이 설치되며

쓰루미 지역사회권 건물의 최대 높이는 6층으로 제한한다.

이는 지붕이 딸린 외부공간이다. 이곳 역시 주변에서 자유롭게 드나들 수 있는 장소다.(66쪽 참조)

집의 유닛은 나선 모양으로 이루어지며 입체적인 골목을 만든다. 또 그것을 가로 방향으로 연결시켜 골목끼리 이어놓으면 주민들이 자유롭게 접촉할 수 있으며 바람이 잘 통하는 길도 된다.(68-69쪽 참조)

소속의 융통성

설계할 때에는 다양하게 접근하는 방법을 중요하게 생각했다. 여느 때와 달리 식당에서 주방을 빌리고 싶을 때도 있을 수 있고 사람을 만나고 싶지 않을 때도 있다. 개인의 전용부분을 줄이고 풍부한 공용부분을 이용하면서 생활하는 지역사회권에서 경로를 선택할 수 있다는 건 매우 중요한 의미를 지닌다. 다양한 형태의 집 안에는 의도적으로 두 개의 출입구를 만든다. 언덕이 조성되기 때문에 이 지역사회권은 지면과 언덕이라는 두 개의 접지층을 갖게 되고 동선을 보아도 선택가능성을 높일 수 있는 골격을 갖추고 있다.

히라야먀 요스케 교수는 '소속의 융통성(Flexibility)'이라고 표현했는데 그때 상황에 맞게 사람들과의 관계와 자신이 속하는 그룹을 선택할 수 있는 구조는 편안한 공동체를 만드는 데 매우 중요하다. 여기에서 제안하는 언덕이 주변지역으로 열려 있는 생활터전을 만드는 동시에 자유로운 공동체가 탄생하는 장소가 되기를 기대한다.

전체단면도 1/800

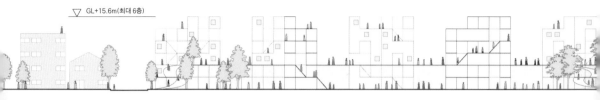

▽ GL+15.6m (최대 6층)

부분단면투시도 1/125

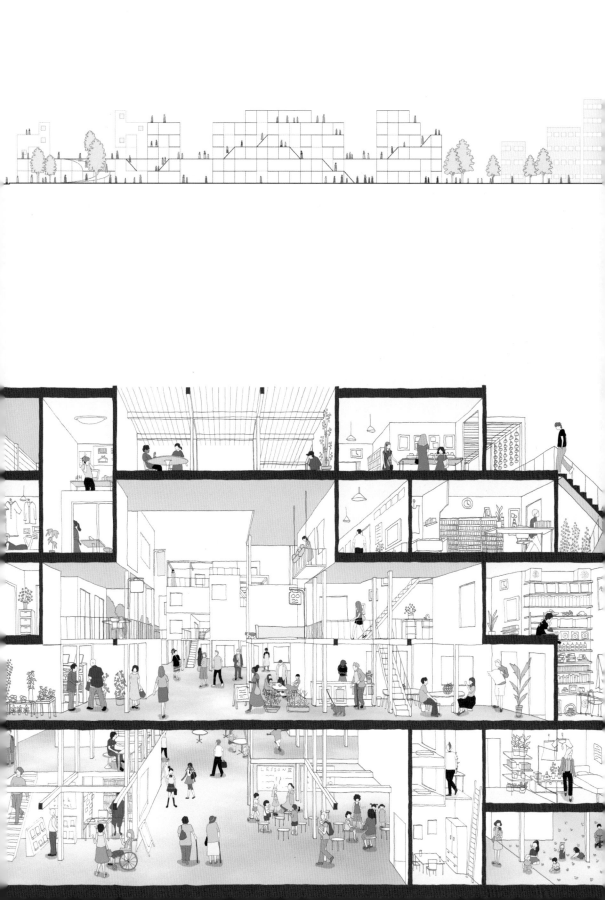

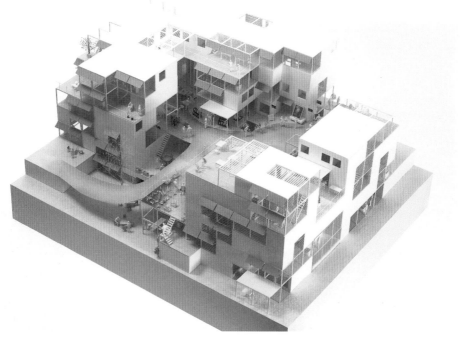

인구밀도

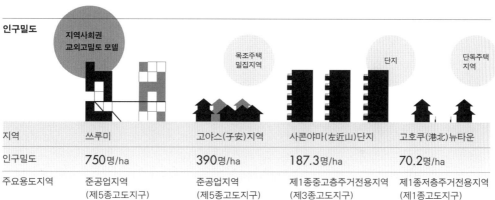

지역	쓰루미	고야스(子安)지역	사콘야마(左近山)단지	고호쿠(港北)뉴타운
인구밀도	750명/ha	390명/ha	187.3명/ha	70.2명/ha
주요용도지역	준공업지역 (제5종고도지구)	준공업지역 (제5종고도지구)	제1종중고층주거전용지역 (제3종고도지구)	제1종저층주거전용지역 (제1종고도지구)

지역사회권
교외고밀도 모델

목조주택
밀집지역

단지

단독주택
지역

인구구성

총 인구	1,700명(750명/ha)
1–14세	255명
15–64세	1,105명
65세 이상	340명

월세

큐브 수	요금
1	34,400엔
2	52,800엔
3	71,200엔
4	89,600엔

건축규모

대지면적: 22,830 m²
건축면적: 14,722 m²(64.5%)
연면적: 42,619 m²(186.7%)
주거면적: 17,048 m²(1인당 10m²)
점포면적: 7,671 m²
학교면적: 4,893 m²(복도 포함)
공용면적: 13,007 m²
용적률: 186.7%
건물 높이: 15.9m(지상 6층/
지하 1층으로 제한)

시설

목욕탕·공동수납: 11개소
생활편의: 3개소
식당·주방임대: 11개소

대상지

요코하마시 쓰루미구 시타노야초
(下野谷町), 시립쓰루미공업고등학교 터

설계팀

나카 도시하루
사에키 료타, 다나카 구니아키,
나카타 마사미

case study
도심초고밀도 모델

스에미쓰 히로카즈 末光弘和

요코하마의 비즈니스 구역

도심초고밀도 모델은 요코하마시 나카구(中区) 후로초(不老町)를
대지로 설정했다. 현존하는 요코하마문화체육관 건물을
대체한다는 가정 아래에서 계획한 것이다. JR 간나이(関内)역에서
걸어 1분 정도 걸리는 좋은 위치에 있는 입지로 주변에는 5-8층
건물들이 늘어서 있다. 이 지역에는 중소기업 사무실이 많다.
과거에는 요코하마의 중심적인 비즈니스구역을 담당했지만
최근에는 비어 있는 사무실이 증가하고 있어서 새로운 이용가치가
필요하다.

중층의 제한

대지 면적 1.1헥타르, 지정용적률 500퍼센트인 이 대지에서는
일반적으로 20층 건물의 타워맨션을 건설했다. 경제효율성이
우선되는 타워맨션의 경우 건설비용을 줄이기 위해 외피를
최소화하고 층수를 늘리는데, 그렇게 되면 결과적으로 건물은
탑 모양으로 돌출되어 주변경관을 해치고 거리나 지면과의

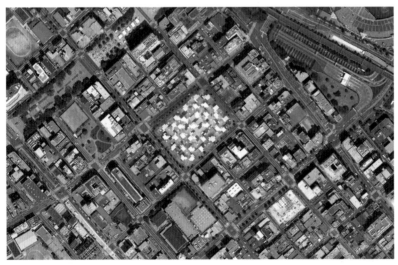

주변 거리와 이어져 있는 광장.

관계성도 단절되어버리기 쉽다. 이 지역사회권 도심형모델에서는
주변 건물에 맞추어 최대 8층 건물로 억제하는 방식으로
주변경관과 조화를 이루도록 구상했다. 중층으로 제한함으로써
건물 내부 전체를 지면에서 슬로프로 연결, 거리에 인접한
공유공간을 건물 내부에 만들어 그 슬로프를 따라 크고 작은
다양한 광장을 입체적으로 전개함으로써 사람들이 상층부에서도
활동할 수 있게 한다. 건물을 중층으로 제한하면 빛이 들어오기
어려운 건물이 생기는데, 이 건물의 중심부에는 문화체육관
기능을 살려 누구나 자유롭게 사용하는 도시광장을 배치한다.
이곳은 새벽시장이나 전시회, 공연 등 도시적인 활동을 지원하는
다목적광장이다.

생활, 일, 도시적인 엔터테인먼트의 혼재

'지역사회권'은 집의 집합체다. 집은 '개방공간'과 '침실'로
구성된다. 이 도심형모델에서는 개방공간이 창업 장소가 된다.
또는 개방공간(가게)이 확장되어 큰 사무실이나 음식점, 바,

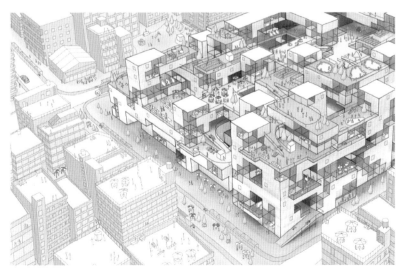

입체적으로 점재해 있는 광장.

점포로도 사용할 수 있다. 여기에서는 생활과 일, 도시적인
엔터테인먼트가 혼재하는데, 내부는 입체화된 거리 형태를 띠어
주변상업지역을 자극하고 활성화시키는 역할을 담당한다.

CV는 슬로프를 통해 이 입체도시의 옥상까지 올라갈 수 있다.
또는 주변으로까지 CV기반시설을 정비해 지역사회권의 내부뿐
아니라 주변을 포함한 시가지역 일대를 지역사회권적 환경으로
바꿀 수 있다.

고령자가 도심의 고밀도지역에서 생활하는 모델

도심형모델에서는 거주자의 30퍼센트 이상이 예순다섯 살 이상의
고령자다. 이것은 현재 이 지역의 평균적인 고령자 비율의 두 배에
가까운 수치다. 현재 일본사회에서는 고령자를 시설로 내몰아
사회 외부로 쫓아내는 경향이 있는데 고령자는 오히려 도심에서

생활, 일, 도시적인 엔터테인먼트가 혼재된 개방공간.

생활하면서 가까운 곳에 있는 의료, 간병, 간호시설 등의
혜택을 받을 수 있어야 한다. 지역사회권에서는 내부의
생활편의시설이 그 역할을 담당한다. 동시에 건강한 고령자는
'생활서포터'로서 지역사회권의 유지와 관리에 참가할 수
있고 개방공간을 이용해 아이디어를 제안해서 돈을 벌 수도
있다. 일석삼조인 셈이다.

인구밀도는 헥타르당 1,500명이다. 1.1헥타르의 대지에
초고층맨션을 세우는 것보다 많은 사람이 생활할 수 있다.
도심형모델은 기존의 주변환경은 물론이고 지금까지와는
전혀 다른 새로운 도시환경을 만든다.

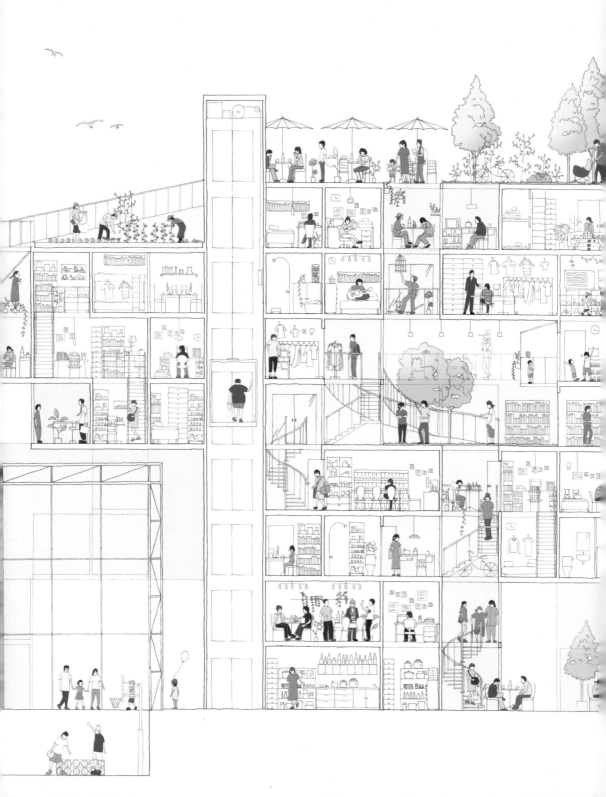

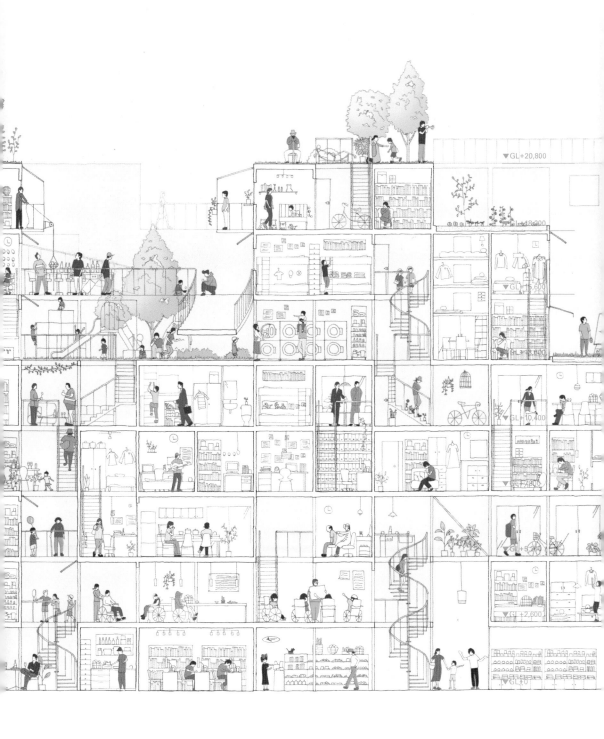

▼GL+20,800

▼GL+18,600

▼GL+15,600

▼GL+13,800

▼GL+10,400

▼GL+8,600

▼GL+5,800

▼GL+2,600

▼GL 0

▼GL−2,600

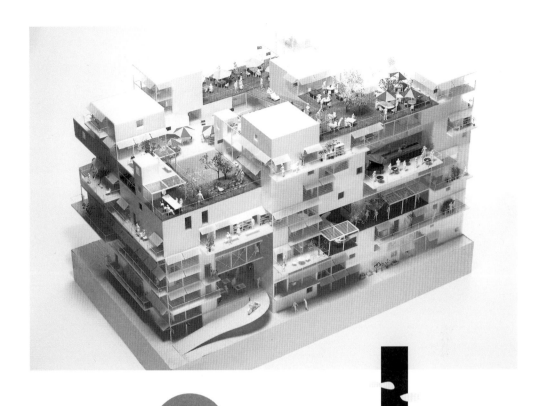

인구밀도

지역사회권
도심초고밀도 모델

고층맨션

지역	간나이	미나토미라이
인구밀도	**1,500명**/ha	**1,055명**/ha
주요용도지역	상업지역 (제7종고도지구)	상업지역 (최소한 1종고도지구)

인구구성

총 인구	1,650명(1,500명/ha)
1-14세	198명
15-64세	825명
65세 이상	627명

월세

큐브 수	요금
1	40,400엔
2	64,800엔
3	89,200엔
4	113,600엔

건축규모

대지면적: 11,000㎡
건축면적: 9,890㎡(89.9%)
연면적: 55,000㎡(500%)
주거면적: 15,840㎡(1인당 9.6㎡)
점포면적: 14,681㎡
체육관면적: 2,124㎡(복도 포함)
공용면적: 22,355㎡
용적률: 500%
건물 높이: 21.1m(지상 8층/
지하 1층으로 제한)

시설

목욕탕·공동수납: 11개소
생활편의: 5개소
식당·임대주방: 11개소

대상지

요코하마시 나카구 후로초
요코하마문화체육관 대지

설계팀

스에미쓰 히로카즈
아키야마 데루오(秋山照夫),
후지스에 모에(藤末萌), 마나베 유리

지역사회권을 말하다

1 지역사회권을 둘러싼 논의

나카 도시하루

요코하마국립대학(横浜国立大学)대학원의 건축도시디자인코스였던
Y-GSA 야마모토리켄스튜디오의 과제가 '지역사회권'이었다.
2010년도에는 야마모토 교수와 설계조수인 스에미쓰, 나,
그리고 학생 열여섯 명이 '지역사회권독립스튜디오'라는 연구회를
만들었고 관련 있는 분야의 기업이나 자치단체도 참여시켰다.
지역사회권독립스튜디오에서는 시내 두 곳에 구체적인 대지를
설정해서 집합주택모델의 기본설계를 실시했다. 프로젝트회의인
전체회의를 네 번, 그 밖에 분야별회의를 실시하면서 설계를
지원했다. 2011년 4월 이후에는 야마모토 교수가 Y-GSA를
퇴직하면서 자주적인 연구회로 이행했고 각 분야에서 상세하게
검토하고 사업모델을 검증하는 등 살을 붙여나갔다.

연구를 진행하는 도중에 일본 도호쿠(東北)에서 대지진이
발생했다. 지진 이후 지역사회와 에너지공급에 관한 다양한
논의가 들끓었는데 이것이 지역사회권 연구의 중심 주제였기에
우리는 사회적인 의의를 재확인하면서 연구를 진행했다.

연구회의 목표는 지역사회권의 하드(건축이나 사회기반시설)와
소프트(공급, 운영방법)를 구체적으로 설계하는 것이었다.
목표 사항을 검토할 때에는 두 가지를 먼저 정했다. 하나는
지역사회권의 실현 목표를 2015년으로 잡는 것이었는데, 이는
현재의 기술을 전제로 삼는다는 뜻이었다. 또 하나는 기존의

법률이나 규제를 의식하기는 하지만 지나치게 얽매이지 않는 것이었다. 우리가 바람직하다고 생각하는 모델을 조립함으로써 오히려 새로운 제도를 제안할 수도 있다고 생각했다. 다양한 논의가 이루어지겠지만 주택문제를 사회문제로 삼고 싶었다.

500명이 모여 사는 플랫폼

지역사회권모델의 특징은 두 가지로 집약할 수 있다. 첫째 가족단위가 아닌 개인단위의 주택공급이며, 둘째 500명 거주자를 운영상의 한 단위로 삼는다는 점이다. 다양한 거주자들의 모습을 가정하고 500명이라는 단위를 기준으로 현대적인 가치를 찾아내자는 뜻이다.

이 단위는 에너지를 효율적으로 이용할 수 있다는 점에서 기대할 만했다. "거주자가 다양할수록 에너지피크가 평준화되고 에너지를 효율적으로 관리할 수 있다."라는 의견이 있었다. (제2회 프로젝트회의, 고야小屋, 도쿄가스주식회사)

500명 단위는 제3회 프로젝트회의에서 '플랫폼'으로 표현되었다. 500명 단위를 행정서비스의 수용자 겸 자치조직으로 생각한다는 관점이다.

예를 들어 지금은 간병서비스나 복지시설에 공적인 지출을

한다. 그것들을 500명의 플랫폼이 정리해 수용하고 활용할 수
있는 방법을 정한다는 아이디어다. 이 플랫폼을 운영하는 주체로
비영리단체(Non Profit Organization, NPO)가 좋은지, 아니면
주식회사와 비슷한 조직이 좋은지에 대한 논의도 있었다.
에너지관리 역시 플랫폼이 주체가 된다. 이런 논의들은
최종적으로 '생활편의'라는 제안과 연결된다. 거주자를 물리적,
심리적으로 지원해줄 뿐 아니라 행정비용 절감 효과도 끌어낼 수
있다는 주장이다.

더불어 살아가는 이점

이런 문제들을 생각하다보면 지역사회권 내부에서도 어느 정도
규칙이나 의무가 발생한다. 비슷한 예로 지금도 마을공동자치회가
있지만 이곳에서 벌이는 활동에 참가하는 사람은 거의 없다.
그러나 지역사회권에서는 구속력이 좀 더 강해진다. 그렇게
하면서까지 무엇을 실현하고 싶은 것일까, 왜 군이 모여 살아야
하는 것일까 하는 의문이 없었던 것은 아니다. 논의의 대부분은
에너지의 효율적인 이용이나 충실한 생활지원서비스에
집중되었지만 그런 문제들만 해결하고 싶어 모여 사는 것은
아니라는 의견도 있었다. 이런 의견 역시 지역사회권을 발전시키는

데 매우 중요한 의견이라고 생각한다.

　제1회 프로젝트 회의에서 이제키(井關, UR도시기구) 씨가 "따로 흩어져 있는 개인이 연결될 수밖에 없는 필연을 어떻게 디자인할 것인가."라고 말했다. 거주자 입장에서 볼 때 500명이라는 단위는 무엇을 의미할까. 에너지나 금전적인 이점과는 별개로 지역사회권은 생활의 즐거움과 풍요로움을 제시하기에 필요하다.

　이런 의견은 '지역 내 일자리'라는 제안으로 발전했다. 개인의 취미나 특기를 다른 사람을 위해 활용할 수 있는 환경을 만드는 것이다. 아이를 잠깐 맡아주거나 나무를 가꾸어 그늘을 제공하거나 주말목수가 되거나 외국어강의를 진행하는 등의 일 말이다. 개인이 서비스 수용자일 뿐 아니라 담당자도 될 수 있다. '자기실현'이라고 표현하면 너무 거창하지만 다른 사람에게 자신의 재능을 기부할 수 있기에 기쁨을 느끼는 생활이 바로 지역사회권이다.(64-65쪽 참조)

프로젝트에 따라 모여 살기

지역 내 일자리를 발전시키는 형태로서 또 하나의 가능성도
생각할 수 있다. 바로 '프로젝트에 따라 모여 살기'다. 지역사회권
안에 몇 개의 프로젝트를 만들고 흥미를 느끼는 사람들이
이주해온다는 아이디어다.

　자세히 설명하기는 어렵지만 쓰루미와 간나이에서
각각의 프로젝트를 내걸었다. 쓰루미에서는 공원과 국제학교,
간나이에서는 체육관과 창업을 제안했다. 각각의 프로젝트는
시간을 들이면서 즐겁게 참가할 수 있다. 이 프로젝트들은
지역성에 기반을 두기 때문에 주변에 살고 있는 사람들도
참가할 수 있고 이익도 발생한다. 프로젝트에 흥미를 느끼는
사람들이 이주해온다면 재미있을 것이다.

　예를 들어 쓰루미의 '공원' 프로젝트는 자연을 가꾸는 일을
좋아하는 사람들이 텃밭에서 야채를 재배하거나 초목을 키우고
주변에 사는 사람들도 산책을 하면서 가볍게 둘러볼 수 있는
공원을 만드는 등 쾌적한 환경을 조성하는 방식이다.
최근 곳곳에서 텃밭을 빌려 전문가의 지도를 받아 야채를
재배하거나 에디블랜드스케이프(Edible Landscape, 식용이
가능한 경관)라고 불리는 환경조성 관련 활동이 벌어지고 있다.
지역사회권에서는 이와 유사한 방식으로 주택에 녹지를

경유시켜 통풍이 잘 되게 상쾌한 환경을 만드는 방향으로
프로젝트를 진행한다.(68-69쪽 참조) 녹지, 경관, 에코라는 주제를
연동해 사람들 각자의 즐거움이 주변에도 도움이 되는 도식을
만드는 것이다.

기존의 집합주택 공급은 아무래도 입주자를 수입으로
생각하고 선별하기 때문에 주변과의 관계가 폐쇄적이었다.
하지만 경제력과는 별도로 거주자가 이주해올 수 있다면
현실적으로 꽤 살 만한 주거지가 될 것이다.

이런 공동체가 신앙공동체처럼 배타적으로 변질될 가능성이
있다는 의견도 있었다. 이것은 프로젝트의 운영 방법, 공간을
만드는 방법을 개방하면 충분히 피할 수 있는 문제다.
프로젝트는 고정적이 아닌 동시다발적으로 이루어져도 된다.
복수의 접근법으로 건축방식을 계획하거나 이주가 쉽도록
시설을 준비하고 자신이 속하는 그룹을 그때마다 선택할 수
있도록 공간구성을 하면 이런 문제점을 보완할 수 있다.

공공기관의 역할

거주환경정비에 공공기관은 어디까지 관여해야 하는지도
중요하게 논의해야 할 문제다. 좀 더 구체적으로 설명한다면

공용대지를 정기임대하고 건설자금의 3분의 1을 공적자금으로
충당하는 사업모델이 가능한지 생각해보자. 이렇게 구체적인
금액을 제시할 수 있었던 것은 연구회의 성과지만 이 금액은
이미 각종 시설(고령자용 맨션의 정비나 보육시설 등)에
수직적으로 지출되고 있는 보조금을 집약해도 부족하다.
이것을 어떻게 생각해야 할까. 자세한 내용은 107쪽의
사업추정계산을 참조하기 바란다.

공공기관은 재정적 여력이 없기 때문에 공적보조가
불가능하다는 의견이 많았다. 반면 주택은 안전망이므로
공공기관이 적극적으로 관여해야 한다는 사회정책적인 의견도
있었다. 공급자 쪽의 이익을 감소시키면 사업비는 줄어들고
보조금을 억제할 수 있다는 의견도 있었다. 최종적으로 우리는
지역사회권의 다양한 공익성을 산출해보았다. 생활지원이나
환경정비에 들어가는 행정비용 삭감액을 계산함으로써
건설자금의 3분의 1을 공공기관이 보조하는 것은 타당하다는
사실을 제시하고 싶었기 때문이다. 이 작업은 매우 어려웠다.
생활편의시설에 의한 간병비용억제금액 산출 등은 앞으로
풀어야 할 과제다.

Y-GSA 야마모토리켄스튜디오의 지역사회권 독립스튜디오.

우리는 어떻게 살고 싶은가

지역사회권에 대한 논의를 하다보니 재미있게도 '나는 어디에서 어떻게 자랐는가'를 고백하는 듯한 분위기가 형성되었다. 시스템이나 구조와는 별도로 생활방식을 제안하는 데 있어서 그것이 신체감각에 맞는지 그렇지 않은지가 매우 중요하다는 사실을 다시 확인할 수 있었다.

　　이야기가 약간 빗나가지만 공공기관의 역할과 관련해 재미있는 논의가 있었다. 이번에 지역사회권과 그 주변지역에서 사용할 수 있는 지역유동성(Local Mobility)을 디자이너인 야마나카 슌지(山中俊治)와 게이오대학(慶応大学) 야마나카연구실에서 제안해주었다. 그곳에서 논의를 진행하면서 참석자들로부터 "안전을 공공기관이 담보해야 한다는 구조가 갖추어져 있으면 규제는 항상 증가하고 비용은 상승한다. 그러나 지역사회권이라는 중간조직이 있으면 그 상황을 바꿀 수 있을지도 모른다. 예를 들어 도로교통법상 매우 불안정한 자전거는 어떻게 존재할 수 있을까?"라는 의견을 들었다. 자전거는 작고 타고 내리기가 간단하며 단순하면서 가격도 싸지만 사고도 쉽게 일어날 수 있고 보행자에게는 매우 위험한 이동수단이기도 하다. 그럼에도 사회에서는 그런 잠재적인 위험을 감수한다. 만약 자전거 안전을 행정기관에 맡긴다면 자전거는 허가받기 어려울 것이다.

지역사회권은 우리가 어떤 장소에서 어떻게 살고 싶은지를 구체적으로 생각하는 것이다. 모든 것을 공공기관에 맡길 것인가, 스스로 해결해나갈 것인가에 대한 논의이기도 하다. 공공시책은 아무래도 대상자를 한정할 수밖에 없고 주민을 서비스의 수용자로 고정할 뿐 아니라 행정비용도 증가시킨다. 지역사회권은 이 교착상태를 두 가지 측면에서 해결할 수 있는 방법이다. 지역사회권에서는 주민들 각자가 서비스의 담당자이자 수용자다. 이런 조직을 구상하는 것이 지속적으로 풍요로운 생활환경을 만드는 계기가 된다면 얼마나 좋을까.

지역사회권 경제

사에키 료타

지역사회권은 '1가구 1주택'을 대신할 수 있는 새로운 생활방식과 운영시스템에 관한 제안이다. 그런 사고방식이 얼마나 효과적인지 경제적인 측면에서 생각해보자. 지금까지 각각의 주택을 단위로 삼은 에너지시스템이나 유지관리시스템, 공법과 비교했을 때 500명 단위인 지역사회권에서는 원가와 운전비를 대폭 삭감할 수 있다. 또 고령자 간병이나 육아 등의 생활지원과 지역 내 일자리를 활용할 수 있다는 점에서 정부나 자치단체가 주도하는 공동체 형성 사업에 드는 비용 부담을 줄일 수 있다. 또한 생활지원이나 공동체시설을 집약하는 방식이기 때문에 현재 각 사업에 분배되어 있는 행정보조금을 뭉뚱그려 지급함으로써 효율적인 운용이 가능하다. 지역사회권을 이런 측면에서 생각하면 지금 운영되고 있는 행정사업비의 약 30퍼센트에 해당하는 보조금만으로도 충분히 건설할 수 있다. 앞에서 설명했듯이 보조금을 집약적으로 지급한다거나 지역사회권이 담당하는 공익성을 고려하면 이 사업에 지급하는 보조금은 충분히 의미 있는 액수다. 경제적 관점에서 보더라도 지역사회권은 효과적이며 실현 가능한 실천적 모델이다.

지역사회권의 경제적 장점

작은 전용공간과 넓은 공용공간

많은 사람들이 거주

유지관리를 지역사회권 안에서 해결

공익비용과 관리비용의 절감

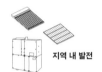

지역 내 발전

에너지 소비량 절감

유닛공법

공사비 절감

가계부 비교

지역사회권에서 생활하면 경제적으로 얼마나 유리한지 1개월 치 가계부를 기준으로 비교해본다. 전용공간이 줄어들기 때문에 월세를 줄일 수 있다. 효과적인 규모에서 에너지를 소비하기 때문에 광열비와 수도요금도 줄일 수 있다. 빌린 주방에서는 한 끼 분량의 식재료를 싸게 구입할 수 있어서 자취하기 편한 환경이 조성되어 식비를 줄일 수 있다. 주방을 빌리는 비용처럼 지금까지 없던 지출이 발생하지만 지출 합계는 줄어든다.

독신자 학생(21세)/1큐브 유닛 거주

	내역		기존	지역사회권
수입	아르바이트		80,000	60,000
	부모의 지원		60,000	60,000
	생활지원을 통한 수입		0	9,600 (주1회, 3시간, 800엔/h)
	수입 합계		140,000	129,600
지출	식비		47,600 •1	42,200 •2
	월세	전용공간	60,000	12,000
		공용공간 사용료	0	16,000
		관리, 공익 (수리적립금)	5,000	6,400
		합계	65,000 •3	34,400
	수도, 광열비	전기	3,000	1,500
		가스	3,000	1,500
		수도	1,000	1,000
		합계	7,000	4,000
	가정용연료 장기임대		0	1,000 •4
	주방임대		0	2,400 •5
	스파사용료		0	1,500 •6
	공동수납		0	1,500
	그 외		20,000 •9	20,000 •9
	지출 합계		139,600	107,000
차액(수입-지출)			400	22,600

핵가족 아버지(35세, 근로자), 어머니(32세, 근로자), 아들(10세)/5큐브 유닛 거주

	내역		기존	지역사회권
수입	근무처 수입		516,000	516,000
	생활지원을 통한 수입		0	9,600 (주1회, 3시간, 800엔/h)
	수입 합계		516,000	525,600
지출	식비		72,000 •7	67,000 •8
	월세	전용공간	170,000 •3	60,000
		공용공간 사용료	0	16,000
		관리, 공익 (수리적립금)	10,000	32,000
		합계	180,000 •3	108,000
	수도, 광열비	전기	9,500	4,800
		가스	7,600	3,800
		수도	1,900	1,900
		합계	19,000	10,500
	가정용연료 장기임대		0	3,000 •4
	주방임대		0	3,000 •5
	스파사용료		0	4,500 •6
	공동수납		0	4,500
	그 외		85,000 •9	85,000 •9
	지출 합계		356,000	285,500
차액(수입-지출)			160,000	240,100

•1 외식 70%(500엔)와 자취 30%(300엔)+교제비 •2 외식 40%(500엔)와 자취 60%(300엔)+교제비 •3 쓰루미 역 주변 시세에 근거 •4 1,000엔/명 •5 저녁식사는 주방임대 기준으로 사용료 1회 100엔 •6 한 달에 15일 사용, 사용료 1회 100엔 •7 자취(700엔)+주2회 외식(2,000엔) •8 자취(700엔)+주1회 외식(2,000엔) •9 교육오락비, 잡비 등
(출처: 학생/독자조사·핵가족/총무성통계국H16 가계조사연보)

교외고밀도 모델에서의 사업추정계산

실제로 지역사회권/교외고밀도 모델 건설을 가정하고 3분의 1 규모에서의 사업을 추정계산한 결과, 자치단체로부터
총사업비의 25-30%(9.7억 엔)에 해당하는 보조금을 받으면 자기자금 없이도 건설이 가능하다는 사실을 알았다.

사업규모	거주인구	500명
	연면적	14,000㎡
	주거	5,600㎡
	점포임대	2,500㎡
	공용공간	5,900㎡

사업수익	경상수입	4.1억 엔/년
	주택	2.85억 엔 (공실율 10%)
	−30㎥유닛	52,800엔
	−15㎥유닛	34,400엔
	점포임대	1.25억 엔
	−1층	11,000엔/평
	−2, 3층	10,000엔/평

사업계획	사업비	36.3억 엔/년
토지: 50년의 정기임차권		공사비 27.6억 엔
	자기자금	0 엔
	자치단체에서 받은 보조금	9.7억 엔
	차입금(30년: 이자율 3%)	26.6억 엔

50년간의 이익	사업자의 이익	29.2억 엔
	30년째에 차입금 변제	
	시의 수입	19.2억 엔
	공공세금(건물)	10.1억 엔
	정기임대수입	9.1억 엔

지역사회권의 공익성(자치단체에 영향)

효율적인 공공사업 실시

지역사회권에서는 상부상조를 적극적으로 실시하는 공동체가 형성되어 주거와 생활편의시설,
광장 등이 일체화되어 제공되므로 고령자간병, 육아지원 등과 같은 복지를 비롯해 다양한
공공서비스를 효율적으로 제공한다. 특히 세분화되어 있는 현재의 공공사업을 통합하는 방식으로
보다 효율적인 서비스를 실시할 수 있다.

새로운 공공서비스 제공

지역사회권에서는 공동체에 의한 '감시'기능
강화, 독신자에 대한 지원, 노인간병에 대한
대처 등 기존의 공공사업에서는 충분히
대처할 수 없었던 서비스를 제공할 수 있다.
지역사회권은 이런 공공서비스를 '새로운
공공수단의 담당자'로 제공하기에 정부나
지방자치단체의 재정지출을 억제하는 데
기여한다.

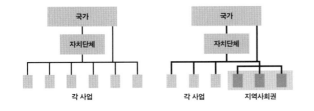

지역사회권에 적응가능한 보조금

	명목	대상	금액	지역사회권에서의 해당 장소	사례
하드웨어 사업	고령자 등 거주 안정화 추진사업(국토교통성)	서비스 포함 고령자용 주택	신축 1/10 상한: 주택100만 시설: 1,000만	거주부분 생활편의시설	고령자전용 임대주택
	도시공원사업비 보조 (국토교통성)	광장, 휴게소, 관리사무소, 텃밭, 장난감, 그 외 다수	국가: 1/3 자치단체 2/3	언덕, 광장	주거구역 기준의 공원도시녹지
	공동체센터 조성사업 (가나가와 현)	집회시설의 건설 정비	경비의 3/5 이내 상한: 1,500만	생활편의시설	지역집회소
소프트웨어 사업	출산장려사업	초등학교 취학 전 3년 동안 둘째 아이 이하	3.6만 엔/명	생활편의 측면에서 육아 지원	

• 이번 시뮬레이션은 하나의 가정하에 조건을 설정하고 실시했으며 실제로 사업화할 때에는 상세한 검증이 필요하다.
  또한 프로젝트와 관련 있는 기획, 컨설턴트 비용, 부동산 취득에 필요한 등기 비용, 부동산취득세 등의 일부 비용은 포함되지 않았다.

2 경제학의 입장에서 본 지역사회권

마쓰유키 데루마사 松行輝昌

제도계획으로서의 지역사회권

경제학에는 제도설계를 연구하는 시스템디자인(System Design)
이라는 분야가 있다. 사회에서 어느 특정 목적을 달성하기 위해
그에 어울리는 구조, 또는 시스템에 관해 연구하는 분야다.
최근 연구 성과가 축적되면서 경매나 교섭, 경기 등 현실적인
상황에 적용되어 많은 성과를 올리고 있다. 바람직한 사회를
달성하기 위한 메커니즘디자인은 경제학에서 중요한 연구주제다.
　일본에서는 고령화를 비롯한 급격한 사회구조 변화로 다양한
사회제도가 충분히 기능하지 못하게 되었다. 복지, 재정, 에너지
등 우리는 많은 분야에서 심각한 사회문제를 끌어안고 있다.
지역사회권은 우리가 대면하고 있는 사회문제를 해결하기 위한
시스템디자인이라고 해석할 수 있다. 지역사회권은 대규모
집합주택을 중심으로, 가족을 대신하는 사회의 중간체를
형성함으로써 다양한 사회문제의 해결을 도모하는 구조이며
시스템디자인의 실례로 매우 특징적이다. 건축물이나
공간디자인으로 사회문제를 해결한다는 발상은 사회과학자,
특히 경제학자들 사이에서는 아직 일반적이지 않다. 이것은
공간디자인과 사람들의 행동이나 의사결정 사이의 관계가
경제학에서는 충분히 검토되지 않기 때문이다. 지역사회권이
실제로 사회문제 해결에 효과적이라면 앞으로 그 중요성이

인식되어 '건축과 경제학' 또는 '디자인과 경제학' 같은 새로운
학문분야에 대한 연구가 진행될 것이다.

공공재산, 공공자원으로서의 지역사회권

지역사회권에서는 상부상조가 촉진되어 고령자간병이나
육아지원을 비롯한 다양한 공공서비스가 제공된다. 또 저렴한
주택이 제공되고 광장 같은 공유공간도 제공된다. 이처럼
지역사회권은 공공재산의 집합이라는 측면을 가진다. 또한
지역사회권은 공공자원이기도 하다. 예를 들어 주민에게
사랑받는 거리나 아름다운 경관 등 지역사회권에서는 지역주민이
공유하는 자원이 많다. 일반적으로 이런 공공자원을 적절하게
관리하고 운영하려면 외부성 문제를 극복해야 한다. 아름다운
경관을 유지하려면 정기적으로 청소를 해야 한다. 청소를 하려면
시간과 노력 등 비용이 들지만 그로 인해 유지되는 아름다운
경관은 청소를 하건 하지 않건 지역사회권을 이용하는 사람
모두가 누릴 수 있다. 이런 외부성이 있는 상황에서는 무임승차
문제가 발생한다. 청소는 다른 사람들에게 맡기고 자기는 청소를
하지 않는 사람들이 생기는 것이다. 지역사회권에서는 이런
무임승차문제를 해결하고 적절하게 청소를 해서 아름다운 경관을

유지할 수 있는 다양한 구조가 존재하는데, 여기에서는 특히
장소성에 대해 이야기하고 싶다.

　　현대의 건축물 대부분은 어느 특정 목적을 위해 세워지고
그 내부와 외부에는 명확한 경계가 설정되어 있다. 이런
건축물은 토지와의 관계가 희박해지고 그 결과, 건축물 자체가
토지와 단절되어 소비나 투자의 대상으로 전락하기 쉽다.
반면 지역사회권에서는 공용부분이 넓은 대규모 집합주택이
공적부분과 사적부분을 원활하게 접속시켜 양쪽의 경계가
애매해진다. 건축물이 주변환경과 상호침투를 일으키며 유기적인
관계를 구축하기 때문에 그 지역에만 존재하는 공간이나 생활,
즉 장소성이 창출된다. 예를 들면 지역사회권 주민은 단순히
아름다운 경관을 즐길 뿐 아니라 그 장소에 애착을 느끼고
추억을 축적하며 역사를 각인한다. 주민들은 그런 특별한 장소를
잃지 않기 위해 적극적으로 청소를 하고 결국 무임승차문제는
완화될 것이다. 이처럼 지역사회권은 장소성을 창출해 사람들을
고무시킴으로써 외부성 문제에 대처한다. 외부성 문제를 건축물
설계로 해결한다는 것 자체가 경제학자들에게는 신선한 발상이다.

　　또한 공공자원을 관리하려면 일반적으로 이용자를 제한하지만
지역사회권에서는 불특정다수의 사람들이 함께 누릴 수 있다.
지역사회권을 관리하고 운영하는 방식에 대해서는 보다 상세한

검토가 필요하겠지만 불특정다수의 사람들이 이용한다는 점은
매우 흥미롭다.

재조립하고 재구축하는 지역사회권

이 책에서 제안하는 '지역 내 일자리'는 시장과 공동체를 융합한
것이다. 기존에는 공동체 안에서 무상으로 제공되었던 서비스나
기술을 대가가 따르는 거래로 바꾼다. 이렇게 함으로써 지금까지는
활용될 수 없었던 간단한 기술이나 지식, 경험을 발굴해서
경제적 가치를 부여한다.

　지역사회권은 집합주택을 중심으로 한 자율적인 중간조직
안에서 상부상조를 매개체로 삼아 기존의 구조를 재구축해
지금까지는 존재하지 않았던 새로운 구조를 만들어낸다.
'지역 내 일자리'뿐 아니라 생활편의시설에서는 고령자간병,
육아지원, 장애인지원 같은 서비스를 제공함으로써 기존에는
수평적관계가 희박했던 복지서비스를 융합해 새로운 가치를
창출하는 것이다. 또한 집합주택은 공공성과 사생활 영역을
원활하게 접속시켜 지금까지는 존재하지 않았던 공공공간을
창출해낸다.

　지역사회권은 우리가 직면한 사회문제에 대처하기 위해

새로운 구조를 기초부터 구축할 뿐 아니라 기존의 구조를
적절하게 재조립해 즉각적으로 사회문제에 대응한다.
앞으로 지역사회권의 가능성은 무궁무진하다.

지역사회권이 창출하는 가치와 공익성

지역사회권에서는 지역 내 일자리라는 독자적인 경제가 발달하기
때문에 자신이 갖고 있는 기술을 바탕으로 일을 할 수 있다.
일반적으로 일을 하려면 기업이나 관청 등의 조직에 속하거나
창업자본을 준비하거나 특수한 기술을 갖추어야 하지만
지역사회권에서는 자신이 갖고 있는 간단한 기술을 직업으로
연결시킬 수 있다. 따라서 기존에는 활용할 수 없었던 기술에
경제적 가치를 부여할 수 있다. 지역사회권에서 생활하는 사람들은
서비스 수용자이자 서비스 담당자로서 사회에서 다양한 역할을
수행하게 된다.
　지역사회권에서는 상부상조를 적극적으로 실시하는 공동체가
형성되어 고령자간병, 육아지원, 장애인지원 등 다양한 서비스를
받을 수 있다. 최근에 일본의 자치단체 대부분이 공동체와 협력해
복지정책을 시행하고 있다. 예를 들면 요코하마시를 비롯한
자치단체에서는 공동체에 의한 육아지원 촉진정책이 진행되고

있다. 지역사회권에서는 이런 복지서비스를 효율적으로 제공할
수 있다. 그 밖에도 고령자간병 등 지금은 손길이 충분히 미치지
못하는 문제에도 대응할 수 있다. 지역사회권이 제공하는
공공서비스는 지역 내에 널리 퍼지기 때문에 높은 공익성을
갖는다. 이러한 지역사회권은 독신자를 중심으로 한 집합주택을
중심에 둔 제안이며 독신자 급증이나 고령자간병 등 일본이
끌어안고 있는 심각한 사회문제에 대응할 수 있는 방안이다.

2011년 2월 28일 Y-GSA에서 실시한 지역사회권 프로젝트회의.

3 지역사회권화는 곧 탈전용주택화

야마모토 리켄

'지역사회권'은 반드시 새로운 건축에서 시작해야 그 사상을
실현할 수 있는 건 아니다. 기존의 주택가나 주택단지를 약간
개축하고 개조하는 것만으로도 지역사회권처럼 변환시킬 수 있다.
즉 주택지의 '지역사회권화'다.

　　20세기의 도시계획은 조닝(Zoning)이었다. 주거지역, 공업지역,
상업지역처럼 용도에 따라 도시를 구분했다. 조닝은 20세기 초
유럽의 중공업시대에 만들어진 이론으로 공장지대의 매연이나
상업지역의 문화에서 주택을 격리시켜 가능하면 좋은
환경지역에 주택을 건축한다는 발상이다. 전후에 일본 역시
조닝을 모방했다. 역 앞에는 상업시설을 만들고 교외지역을
주거전용지구로 삼는 식으로 도시가 형성되었다. 하지만 이런
'전용주택만으로 이루어진 거리'라는 20세기 고유의 지역
형태가 지금 다양한 폐해를 낳고 있다. 전용주택은 표준가족을
전제로 만들어졌다. '1가구 1주택'이 그것이다. 1가구 1주택이
담당하는 주요한 역할은 육아와 육아를 위한 사생활 확보였다.
가장 큰 문제는 사생활만을 소중히 여기는 주택단지에서는
지역공동체를 형성하기가 매우 어렵다는 점이다. 더구나 이미
몇 번이나 설명했듯 고령화현상은 문제를 더욱 어렵게 만들고
있다. 1가구 1주택과 같은 주택형성방식은 이제 그 역할을
다했다. 주거전용지구라는 사고방식, 그리고 그곳에 만들어지는

가족전용주택이라는 사고방식은 이제 파탄에 이르렀다.

기존 주택지의 '지역사회권화'는 곧 '탈전용주택화'다. 지금의 상공업 형태는 20세기 초와 매우 다르다. 주거지역, 공업지역, 상업지역이라는 조닝을 초월해 탈전용주택을 만드는 것이 전용주택을 지역사회권화하기 위한 기본적인 사고방식이다.

탈전용주택이란 무엇일까. 단순히 가족의 사생활을 지키기 위한, 또는 육아를 위한 주택이 아니라 그곳에서 일하고 상품을 만들고 판매하는 '개방공간'이 있는 주택이다. 이런 개방공간이 모여 지역사회를 만든다. 전용주택이 아니라 개방공간이 지역사회권을 만드는 것이다. 주택단지, 뉴타운, 공영주택, 목조밀집주택지역 들을 지역사회권화하는 것은 가족전용주택을 개방공간이 있는 주택으로 변환하는 작업이다.

case study

목조주택밀집지역의
지역사회권화

야마모토 리켄

낡은 가구
수리

후지모리가구
FUJIMORI FURNITURE

15

일본의 건축기준법에는 "모든 택지는 폭 4미터(특정행정청이 지정한 경우에는 6미터) 이상의 도로에 인접해 있어야 한다."라는 규정이 있다. 4미터 이상의 공공도로에 인접해 있지 않으면 건축물을 세울 수 없다는 법규다.

하지만 전쟁 전에는 최소 폭이 2.7미터로 정해져 있었기에 시가지에는 아직도 4미터 미만의 도로에 인접해 있는 택지가 많다. 그런 도로는 '건축기준법 제42조 제2항'에 따라 일단 도로로 인정한다. 이것을 '2항도로(일단 도로로 간주한다는 의미에서의 간주도로)'라고 부르는데 그런 2항도로에 인접해 이미 건축되어 있는 건축물은 '기존부적격'이라 해서 현실에 적합하지 않다고 보지만 어쩔 수 없이 내버려두고 있다. 그것이 목조주택밀집지역의 문제다. 따라서 그런 목조주택을 내화건축물로 교체하고 2항도로를 4미터 폭의 도로로 바꾸는 것이 현 도시행정의 커다란 과제다.

민간개발업자들이 참여해 목조주택을 맨션 같은 내화건축물로 교체하거나 몇 가구가 모여 공동으로 교체하는 방법도 있지만 토지소유권과 임차권 등이 복잡하게 얽혀 있기 때문에 그리 간단한 문제가 아니다. 무엇보다 이런 지역은 주민들이 오랫동안 생활해온 장소라는 점에서 더 큰 의미를 지닌다. 이 지역에는 골목이 좁아 차가 들어갈 수 없는 장소도 있고 오래전부터의 돈독하게 이어져온 공동체 역시 여전히 존재한다. 사람들은 서로를 잘 알고 있으며 근처에는 작은 상점가도 있다. 생활공간의 측면에서 보면 이런 목조주택밀집지역은 전후에 개발된 뉴타운보다 훨씬 더 지역에 충실하다고 말할 수 있다. 모든 주택을 내화건축물로 바꾸고 도로폭을 4미터로 넓히면 방재나 방화의 효과를 거둘 수는 있겠지만, 한편으로는 기존의 생활방식이 근본적으로 바뀐다. 즉 현재의 지역사회를 괴멸시킨다는 뜻이다. 4미터의 도로폭은 긴급상황에서 자동차가 진입할 수 있기에 정해진 수치다. 폭을 4미터로 넓히면 일반자동차도 진입할 수 있다. 이런 지역에서 생활하려면 방재와 함께 어떤 주택을 건축해야 하는지도 함께 고려해야 한다.

　이런 이유로 목조주택밀집지역의 '지역사회권화'를 제안하는 것이다. 사실 지역사회권화는 방재에도 매우 효과적이다.

　요코하마국립대학 교수였던 방재도시계획연구소의 무라카미 스미나오(村上處直) 씨에게 직접 들은 이야기인데, 방재에서 가장 중요한 것은 물 확보라고 한다. 따라서 목조주택밀집지역의 적당한 지점에 옥외소화전을 배치해두는 것만으로도 효과적인 방재대책이 될 수 있다. 그 지역의 공동체가 활발히 활동한다면 지역방재는 충분히 가능하다. 목조주택에 물을 뿌려 불꽃을 막는 것이 중요하다고 무라카미 씨는 말한다. 방재를 내화건축이나 넓은 도로폭처럼 하드웨어만의 문제로 생각하는 것이 오히려 문제다. '지역사회권적 방재'가 중요하다. 내화, 내진도 중요하지만 지역사회권의 공동체는 더욱 중요하다. 즉 목조주택밀집지역을

목조주택밀집지역의 전경.

지역사회권화하는 것이 무엇보다 중요하다. 2항도로를 모두 폭 넓은 도로로 바꿀 수는 없다. 가능한 것부터 시작하면 된다.

　　중요한 것은 전용주택에서 벗어나는 '탈전용주택화'다. 과거에는 이렇게 좁은 골목에 인접한 주택에 기술자들이 살았다. 그중에는 바느질을 하거나 인쇄를 하는 등 자신의 집에서 일하는 기술자들이 있었는데, 그들을 이죠쿠(居職)라고 불렀다. 주택은 단순한 거주전용공간이 아니었다.

　　목조주택밀집지역에 다양한 상업활동을 펼칠 수 있는 '개방공간'을 조성한다면 현대판 이죠쿠가 탄생한다. 그렇게 하려면 2항도로의 폭을 넓힐 것이 아니라 누구나 마음 놓고 걸어다닐 수 있는 골목으로 정비해야 한다. 안전하게 정비된 골목에 개방공간이 인접한 거리를 만드는 것이다. 그리고 전체의 조화를 생각하면서 빈집이 된 주택을 해체해 작은 광장을 만든다. 때로는 공공시설이 '생활편의시설' 같은 역할을 담당할 수도 있다. 이것은 기존의 빈집을 개조하는 것만으로도 충분히 가능하다. 몇 명 단위의 지역사회권을 가정하는가 하는 문제는 그 장소의 특성에 따라 달라질 수 있다. 단 그 장소를 단순한 주거전용공간이 아니라 개방공간처럼, 비록 작지만 경제활동이 성립하는 구조와 함께 생각하면 공동체라는 사고는 극적으로 바뀐다. 외부인들이 관심을 갖고 찾아올 수 있는 그런 지역을 만든다면 그 지역에 살고 있다는 자부심도 느낄 것이다.

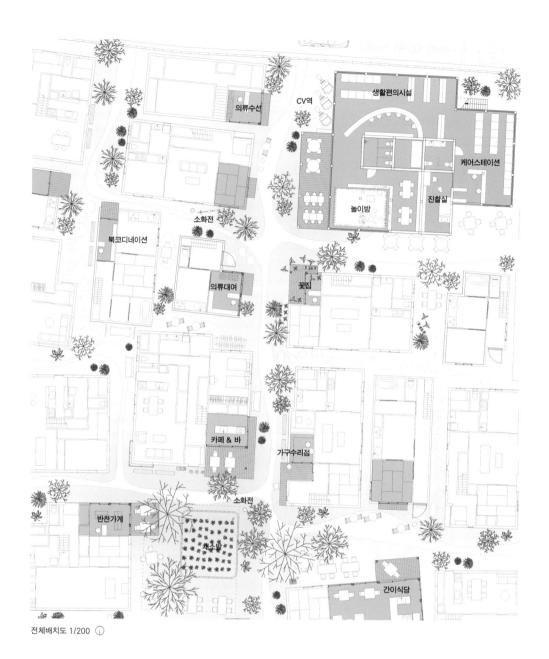

의류수선
CV역
생활편의시설
케어스테이션
소화전
진찰실
북코디네이션
놀이방
의류대여
꽃집
카페 & 바
가구수리점
반찬가게
소화전
소화전
채소밭
간이식당

전체배치도 1/200

콘크리트블록 철거 해체, 처분, 인건비	7,600엔/m	**조경공사** 층층나무 높이 2.5m	27,000엔/그루
녹지조성블록(잔디) 녹지조성블록, 바닥재, 잔디	13,500엔/m	**특수성 탈색 아스팔트** 기존시설 철거, 재료, 인건비	8,900엔/m²
소화전(지하식) 본체비용, 인건비	42,800엔/대	**덱** 아이언우드재 재료, 인건비	23,200엔/m²
소화전(지상식) 본체비용, 인건비	90,700엔/대	**빗물탱크** 용량 200ℓ	52,500엔/대

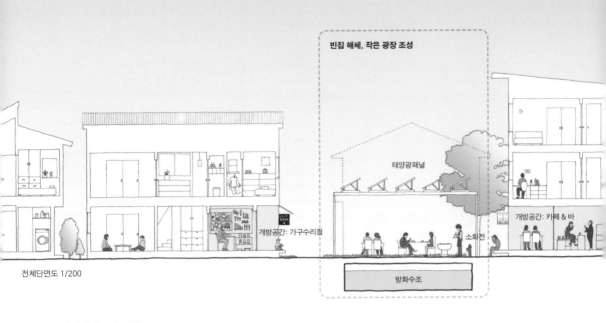

빈집 해체, 작은 광장 조성

태양광패널

개방공간: 가구수리점

소화전

개방공간: 카페 & 바

방화수조

전체단면도 1/200

지역사회권화 과정

도로와의 연결 분량

2항도로

1 2항도로와 연결이 원활하지 못한 기존의 건축.

빈집

녹지도로

2 골목을 녹지도로로 만든다. 오래된 빈집을 해체해서 작은 광장으로 만든다.

개방공간

3 녹지도로에 인접한 건축물 일부를 개방공간으로 만든다.

공동재건축

4 공동재건축. 생활편의시설을 만든다.

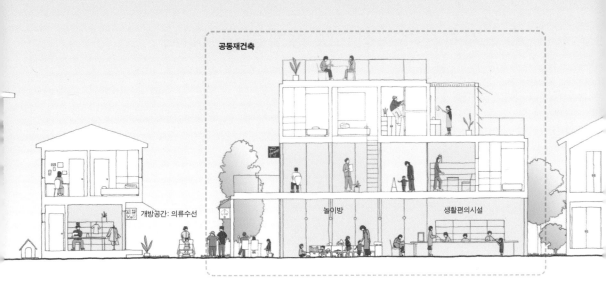

공동재건축

개방공간: 의류수선

놀이방   생활편의시설

1 기존 2항도로.

2 블록 담을 제거해 보행자를 위한 골목으로 정비하고, 소화전을 설치한다.

3 현관을 투명유리로 만들고, 툇마루를 설치한다.

4 현관부분을 개방공간으로 만든다.

4 계획자의 시선으로 방재를 생각하다

무라카미 스미나오

야마모토 리켄 무라카미 스미나오 씨는 도쿄대학(東京大學) 도시공학과
도시방재연구실(소장: 다카야마 에이카高山英華)의 첫 대학원생이고
지금도 일본방재연구 분야의 일인자입니다.

무라카미 스미나오 다카야마 선생님에게 '기술자로서가 아니라
계획자로서 방재를 생각하라'는 지도를 받았습니다. 이 말은
인간을 포함해서 생각하라는 뜻입니다. 그러나 지금도
하드웨어에는 많은 돈을 지출하면서 정말로 중요한 인간교육에는
예산이 편성되지 않고 있어요.

야마모토 '지역사회권'은 에너지, 간병, 육아, 직장, 방재 등을
포괄적으로 참고하면서 주택을 건축하려는 시도입니다.
기존의 목조주택밀집지역을 리노베이션(Renovation)해서
'지역사회권화'하는 방식을 제안하는 것이지요.
　도쿄도는 목조주택밀집지역의 2항도로를 폭 4미터 도로로
확대해 주택의 불연화(不燃化)를 추진한다고 하는데, 이런
하드웨어만 정비해서 지진이나 화재에 강한 지역을 만들 수 있을지
의문입니다. 기존의 주택을 남겨둔 상태에서 골목을 보수해 작은
광장을 만드는 한편, 전용주택뿐 아니라 골목에 인접한 일부를
상점처럼 만들 수 있다면 그것만으로도 목조주택밀집지역은

상당히 바뀔 수 있다고 생각하는데, 여기에 방재효과까지
생각한다면 어떻게 하는 게 좋을까요?

무라카미 도쿄도는 소방차가 지나다닐 수 있게 4미터 도로를
만들겠다는 생각이겠죠. 하지만 소방차가 들어가지 못하더라도
소방호스를 빨리 끌어댈 수 있는 구조를 만들면 됩니다.
그건 기존의 환경에서도 충분히 가능해요.
　　과거에 교지마(京島)와 세이죠(成城)의 화재위험도에 대해
조사를 한 적이 있습니다. 결과만으로 보면 교지마의 위험도가
압도적으로 높지만, 제가 실시한 조사에서는 세이죠 쪽이 더
위험하다는 결과가 나왔습니다. 교지마에는 주택과 주택 사이에
담이 없고 '고양이길'이라고 불리는 좁은 길이 있어서 소방호스를
연결할 수 있지만 세이죠는 담장이 둘러쳐진 폐쇄적인 장소가
많기 때문에 큰 화재가 발생해도 일찍 발견하기 어렵고 불을 끄는
데에도 많은 손길이 필요합니다. 그래서 불길이 번질 가능성이
높지요. 건물에 화재가 발생했을 때 사람이 사망하는 이유는
불길보다 유독가스 때문인 경우가 더 많습니다. 예를 들어
커튼을 난연처리(難燃處理)하면 불붙는 속도는 느리지만 일단
불길에 휩싸이면 엄청난 유독가스가 발생합니다. 따라서
유독가스의 발생을 억제하는 것, 불길이 크게 번지기 전에

일찍 불을 끄는 것, 집 안으로 불길이 들어오지 못하게 하는 것이
중요합니다. 1970년대 미국은 21세기까지 화재사망자를 절반으로
줄이겠다는 프로젝트를 실시했습니다. 우선 각 지방에서 판매되고
있는 가구, 커튼, 양탄자 등 내장재를 연소실험했는데 그 과정에서
다양한 유독가스가 발생한다는 사실을 알았습니다. 그래서
곳곳에 스프링클러를 설치하고 화재가 번지지 않도록 대책을
마련했습니다. 그 결과 정말 사망자가 절반으로 줄어들었어요.

야마모토 근처에 물이 있는 게 매우 중요하다고 들었습니다.

무라카미 이곳저곳에 손쉽게 이용할 수 있는 물이 있어야죠.
1906년 샌프란시스코에서 지진이 발생한 뒤에 설치된 지진대책용
특별소화전이 좋은 예입니다. 또한 한신대지진이 발생했을 때
고베에서는 전쟁 당시에 사용했던 방수용수를 이용했는데,
그 덕에 몇몇 주택을 화마에서 구해냈어요. 재의 규모에 따라
달라질 수 있지만 주민이 있고 효과적으로 사용할 수 있는 물이
있다면 불길이 번지는 것을 막을 수 있습니다.

야마모토 저수조나 소화전을 설치하는 것이 상당히 효과적이라는
뜻이군요.

방재시스템에 대해 설명하는 무라카미 스미나오.

<u>무라카미</u> 1968년의 도카치오키(十勝沖)지진 당시에 많은
방화저수조에서 물이 샜어요. 그래서 현재는 내진설계가 되어
있습니다. 또 도쿄에서는 신축건물 지하에 소방용 저수조를
의무적으로 설치하게 합니다.

　　기존 지역에는 뱀이 달걀을 먹은 것처럼 수도관 중간중간에
물저장소를 만들면 됩니다. 그리고 주민이 이용할 수 있는
방화수조나 소방용수설비를 여기저기에 배치하는 것이지요.
이렇게 하면 상당한 효과를 거둘 수 있습니다.

<u>야마모토</u> 소방용수를 충분히 활용하려면 일상적인 공동체가
필요하겠지요?

<u>무라카미</u> 도시의 주택과 주택의 틈새를 인간을 위한 시스템으로
만들어야 합니다. 알제리의 엘 아스남(El Asnam)시는 1954년
지진을 겪은 뒤에 르 코르뷔지에의 제자 장 보쉬가 계획한
마을인데 광장이나 공원 같은 개방된 공간을 많이 배치했고
주택지에도 광장이 있었습니다. 그 때문에 1980년에 대지진이
발생했을 때에도 그 공간을 활용해서 자택 근처에 텐트를 칠 수
있었지요. 덕분에 공동체가 붕괴되지 않았고 주민들은
당황하지 않고 안정감 있게 행동할 수 있었어요.

방재는 사람과 사람, 사람과 사물, 사물과 사물과의 관계론입니다. 또한 방재를 도시적인 관점에서 생각하는 건 매우 중요하지요.

야마모토 지역사회권화란 바로 그런 것이겠지요. 도시의 방재에 관한 사고는 단순히 물리적인 방재성능뿐 아니라 일상의 공동체를 풍요롭게 만드는 결과와 연결된다는 인식을 가져야 한다고 생각해요. 방재에 관한 그런 사고방식이 중요합니다.

2013년 6월 6일
방재도시계획연구소에서

5 지역사회권, 새로운 삶을 상상하다

야마모토 리켄, 스에미쓰 히로카즈, 나카 도시하루, 마쓰유키 데루마사,
다마타 마코토, 사에키 료타, 나카타 마사미, 다나카 구니아키, 마나베 유리

자본주의도, 사회주의도 아닌 지역사회권

<u>야마모토 리켄</u> 이 책은 Y-GSA 야마모토리켄스튜디오에서 4년 동안
연구한 내용을 정리한 것입니다. 그 과정에서 깨달은 점이
꽤 많았습니다. 물론 아직 결함도 많지요. 그런 결함에 대해
지적받는 것도 중요하다고 생각합니다. 어쨌든 이 과정을 통해서
논의의 토대가 되는 '지역사회권'의 플랫폼 같은 것을 만들 수
있었습니다. 많은 분들이 이 논의에 참여해주시길 바랍니다.

　일본의 주택공급구조가 잘못되어 있다는 사실은 많은 사람이
공유하고 있을 겁니다. 일본에서는 민간부동산업자에게 의탁해서
'1가구 1주택시스템'으로 주택이 공급되어 왔지만 그것을 유도해온
국가의 주택정책은 이미 파탄에 이르렀습니다. 그렇다면 이젠
그런 시스템을 대체할 만한 주택정책이 있는지 고민해야 합니다.

　지금 국가의 주택정책은 1가구 1주택을 전제로 짜여 있습니다.
주택은 직접 짓고 그 안에서 상부상조(실체는 불균형적인 상부상조)
한다는 것이 전제입니다. 가족이라는 상부상조 관계가 건재하다면
이 정책은 국가의 입장에서 볼 때 힘이 들지 않는 정책이지요.
그뿐 아니라 개인이 주택을 소유하도록 장려하는 것은
경제성장에도 매우 효과적으로 작용했습니다. 그러나 지금
가족의 상부상조 관계는 내부에서부터 무너지고 있습니다.
즉 정책을 지탱하고 있던 전제가 효력을 잃고 거의 도움이 되지

않는 상황에 이르렀다는 뜻입니다.

가족의 상부상조 관계가 무너졌기 때문에 사회보장과 관련된 비용은 막대하게 증가했습니다. 에너지 측면에서 생각해봐도 지금까지의 주택정책은 비효율적입니다. 멀리 떨어져 있는 발전소에서 생산한 전기에너지를 각각의 주택, 또는 사무실이나 공장까지 송전하는 현재의 시스템은 엄청난 손실을 가져옵니다. 1가구 1주택 내부에서 에너지를 자유롭게 사용하는 소비자의 편리함만을 최우선했기 때문에 빚어진 일입니다. 교통시스템도 마찬가지입니다. 집에서 차를 가지고 나와 고속도로를 달려서 회사까지 가는 '도어 투 도어(Door to Door)'의 모든 과정을 자동차 한 대로 대처한다는 것은 부담이 매우 클 뿐 아니라, 시속 150킬로미터로 달릴 수 있는 고성능자동차와 보행자가 혼재한 지금의 도시는 생활하기에 쾌적한 환경이라고 말할 수 없습니다. 교통시스템의 모순 역시 1가구 1주택을 전제로 삼았기에 발생한 결과입니다.

1가구 1주택은 단순한 주택정책이 아니라 현재 일본의 국가운영시스템의 근간과 관련 있다고 생각합니다. 1가구 1주택을 전제로 삼는 시스템이 파괴되고 있다는 건 국가의 운영시스템이 파탄에 이르렀다는 뜻입니다. 이제 효력을 잃은 1가구 1주택시스템을 재조명해서 새로운 시스템을 만들어야 합니다. 그것이 '지역사회권시스템'입니다.

지역사회권은 주택을 이용자와 주민의 입장에서 생각합니다.
지금까지는 공급자의 이익을 최대화하려는 자본주의적
가치관이 최우선이었다면, 지역에서 생활하는 사람들의 이익을
최우선한다는 사고방식이 지역사회권시스템입니다.

<u>스에미쓰 히로카즈</u> 자본주의적인 대상에 이의를 제기하는 야마모토 씨
의견은 정말 인상적입니다. 저는 지역사회권이 자본주의적이지도,
사회주의적이지도 않은 제3의 길이 되어야 한다고 생각합니다.
지역사회권은 현재 지나치게 앞으로만 달려나가는 극단적인
자본주의처럼 어느 일부 부유층이 착취하는 것도 아니고,
사회주의적인 답답함이나 태만을 낳는 것도 아닙니다.
지역사회권은 돈으로 교환되는 것을 상부상조가 대체하도록
설계되어 있지만, 그 주변에 힌트가 감추어져 있다는 느낌이
듭니다. 아쉬운 점은 쓰루미와 간나이 모델이 모두 새로 짓는다는
개념을 바탕으로 제안되었다는 점입니다. 기존 도시의 골격을
이용하면 좋겠다는 생각이 듭니다. 건축업계에서는 최근
1960년대의 메타볼리즘(Metabolism)[1]이 다시 주목받고 있는데
그 시대의 건축이나 사상은 지금 보면 약간 과대망상적입니다.
고도성장기이기 때문에 그런 건축이나 사상이 나올 수 있었겠지만

도쿄에서 세계디자인회의가 개최된 것을 계기로 일본의 젊은 건축가,
도시계획자 들이 전개한 건축운동. 이들은 사회에 맞는 유기적으로 변하고
성장하는 건축과 도시를 제안했다.

저성장 시대라고 불리는 지금은 좀 더 유연하게 기존의 상점가나
건축물, 도시구조에 익숙해지는 제안이 필요합니다. 그런 측면에서
지금 도시 안에 점재해 있는 지역사회권도 제안할 필요가 있다고
생각합니다.

야마모토 스에미쓰 씨의 말씀처럼 자본주의인가 사회주의인가
하는 사고방식은 매우 경직됐다고 생각합니다. 지역사회권은
그 중간이라기보다는 어느 쪽도 아니지요. 지역사회권마다
서로 다른 상부상조시스템을 가진다는 의미에서
'지역사회권주의'라고 표현해도 되겠네요.

라이프스타일의 제안

나카 도시하루 저는 '지역 내 일자리'라는 제안을 건축공간과 함께
제안한다는 점이 매우 좋았습니다. 다만 그 동적인 생활이미지를
좀 더 세밀하게 그릴 수 있다면 좋겠다는 생각이 듭니다.
500명이 모여서 생활하면 공급자 입장에서는 에너지나 관리
측면에서 효율성이 있습니다. 단 주민들 개개인의 입장에서
생각해보면 그것만으로는 뭔가 부족한 느낌이 듭니다.
생활의 어려움이 해결되었다거나 할 수 없었던 일을 할 수 있게

되었다거나 하는 새로운 생활상을 생각해보고 싶습니다.
노인이나 어린이, 육아세대의 입장에서 볼 때 '생활편의'라는
지원시스템이 있기 때문에 장점을 떠올리기 쉽습니다.
그러나 중학생, 고등학생 정도의 자녀가 있는 핵가족이나
마흔 살쯤 되는 독신생활자까지 포함해서 생각해보면
이 장소만이 갖추고 있는 생활의 풍요로움과 즐거움이 존재해야
합니다. 그 핵심어가 '지역 내 일자리'입니다.
　　연구회에서 미쓰비시지쇼(三菱地所)의 모리야마(森山) 씨가
"기존의 원룸이나 패밀리용이 아닌 제3의 길이 제시된다면 흥미를
느낄 것"이라고 말씀하셨습니다. 다양한 계층에서 매력을
느낄 수 있어야 비로소 다양한 사람들이 모여 생활하는
즐거움이나 가능성이 탄생하겠지요.

야마모토 모든 계층이라고 표현할 때 어떤 계층인가가 중요합니다.
계층보다 상부상조시스템 자체를 싫어하는 사람들이 있습니다.
그 거부반응에 어떻게 대응해야 하는가가 중요합니다.
　　유닛을 설명하면서 생활방식의 예를 들었는데 여기에는
패밀리타입도 포함됩니다. 다만 이 패밀리타입은 기존의 주택과는
달리 유닛의 조합으로 성립되지요. 이런 유닛의 조합이라면
패밀리타입도 충분히 사용할 수 있기 때문에 이것을 준비한 것은

아닙니다. 독신자용 타입 역시 기존의 원룸맨션과 달리 외부와 연결된 개방공간이 있습니다. 그리고 상부상조시스템이긴 하지만 보수 없이 일방적으로 봉사하지는 않습니다. 이런 점에서 새로운 생활상을 떠올리게 되는데, 그것이 과연 매력적인지 아닌지, 가능하면 그 매력을 어떻게 최대한 전달해야 하는지 고민하는 것이 우리의 역할이라고 생각해요.

<u>나카</u> 저와 스에미쓰 씨는 지역사회권시스템에 개성이 있다면 재미있겠다는 이야기를 나눴습니다. 스에미쓰 씨는 당초 간나이 모델에 소호(SOHO)를 포함시켰습니다. 갓 창업한 사람들이 모여서 생활하는 장소, 그런 생활을 위한 설비나 소프트웨어가 최적화되어 있는 지역사회권을 계획한다면 좋을 거예요. 나중에 아이들이 태어나면 한적하고 초목이 무성한 다른 지역사회권으로 이주해도 되지요. 쓰루미 모델에는 처음부터 텃밭이나 국제학교를 포함시켰습니다. 다양한 모델을 제시해서 여러 상황에 따라 이주하는 방법도 좋다고 생각합니다. 프로젝트타입의 지역사회권이라고 말할 수 있겠네요.

스에미쓰 이 연구회에서는 현실적인 두 개의 대지에 대해
구체적으로 건축을 제안하고 거기에서 핵심을 추출했습니다.
그럼으로써 지역사회권이라는 개념의 골격을 다져왔는데
그 추출과정에서 각각의 장소가 갖추고 있던 이미지가 옅어질
가능성이 있습니다. 개념이 굳어진 지금, 그것을 어떻게 다시
한 번 되돌릴 수 있는지, 장소성을 가진 경제는 어떤 것인지
하는 주제도 고려해야 한다고 생각합니다.

사회문제를 해결하는 장치

마쓰유키 데루마사 경제적인 관점에서 보면 지역 내 일자리와 같은
새로운 시장의 등장이 매우 흥미롭습니다. 지역사회권이라는
의미 자체가 지금까지와는 다른 형태의 중간체를 만들었고,
공동체와 시장을 융합한 '지역내일자리시스템'이 만들어졌습니다.
지역사회권은 인구의 규모나 생활방식 등 여러 변수를 염두에
두면서 중간체를 형성하고 그 안에서 다양한 요소를 융합시키는
구조라고 생각합니다. 적은 변수를 바탕으로 설계하는
장치가 될 가능성이 있습니다. 즉 현재에는 어떤 사회문제를
해결하기 위해 매우 복잡한 과정을 거쳐 비효율적인 방식으로
정책이 이루어집니다. 그러나 지역사회권에서는 적은 변수를

움직임으로써 많은 문제에 대응할 수 있지요. 이런 점에서
가능성을 느낍니다.

하지만 실제로 이런 시스템을 운영하는 방법에 대해서는
충분한 논의가 이루어지지 않았습니다. 실제로 실행해보고
현장에서 검토해야 할 필요가 있지요. 이것이 실현가능한가는
좀 더 세밀하고 철저하게 조사해보아야 한다고 생각합니다.

야마모토 실질적으로 누가 관리하고 운영하느냐가 매우
중요합니다. 지금까지 공공주택은 지방자치단체가,
민간주택은 민간회사가 관리했습니다. 지역사회권 전체를
운영하고 관리하려면 어떻게 해야 할 것인가는 매우
중요한 문제입니다.

지역사회권을 경제적으로 운영하는 문제는 마쓰유키 씨가
제안해주었습니다. 그 정도면 충분하다고 생각합니다.
한편 어떻게 관리할 것인지에 대한 문제는, 이 건축물은
내 것이니까 내가 책임져야 한다는 생각이 들게끔 하려면
어떻게 해야 하는지와 관계 있습니다. 간과하기 쉬운 문제지만
저는 '경관'이 중요하다고 생각합니다. 지역사회권 전체의
경관을 언제나 아름다운 상태로 유지하는 것이지요. 그렇게
하려면 그곳에서 생활하는 사람들이 이 건축물을 자신의

것이라고 믿게 해야 합니다. 자기 집 내부를 깨끗이 청소하듯 지역사회권 전체를 아름답게 유지하는 데 관심을 갖도록 해야 합니다. 개방공간이 있고 외부의 방문객이 그곳에서 경제활동을 할 수 있게 해야 합니다. 그러면 지역사회권을 아름답게 유지해야 한다는 의식이 갖추어지지 않을까요? 기존의 맨션이나 단독주택들은 보안 때문에 불특정다수의 방문객을 배제할 수밖에 없었습니다. 누군가에 의해 외부인이 배제되는 환경은 자신이 아닌 누군가가 관리하는 환경이 되어버립니다.

마쓰유키 지역사회권의 지역 내 일자리는 간병, 복지, 육아를 포함합니다. 그런 분야들이 서로 연결된다는 것이 이 시스템을 가능하게 만듭니다. 지역통화를 사용한 상부상조, 공동체 형성을 촉진하는 육아정책 등의 사례는 이미 다양하게 존재하지만 성과는 한정적이지요. 그러나 지역사회권은 현 시점에서 분단되어 있는 다양한 요소를 서로 연결하기 때문에 우리가 끌어안고 있는 문제에 대한 해법이 될 수 있다고 생각합니다.

야마모토 지역 내 일자리가 효과적인 경제활동이 될 수 있을까요?

마쓰유키 화폐를 통한 거래가 가능하면 통계상으로 경제활동이라고 할 수 있습니다. 또 주민들은 지금까지 잠자고 있던 기술을 발휘할 수도 있습니다.

야마모토 현재 주거전용지역에서는 점포를 내고 경제활동을 해서는 안 됩니다. 그것이 지역사회가 활성화되는 데 발목을 잡는 원인이에요.

스에미쓰 개인적인 이야기지만 최근에 사무실을 후타코타마가와(二子玉川)에서 오야마다이(尾山台)로 옮겼습니다. 오야마다이에는 후타코타마가와에는 없었던 구두수선가게나 장아찌가게 등 작은 가게가 많아서 특별한 경제권이 형성되어 있습니다. 한편 후타코타마가와에서는 커다란 백화점이 자리를 잡으면서 지역의 상점가는 궤멸했습니다. 경제의 세계화에 지역이 완전히 먹혀버린 거지요. 따라서 새로운 지역사회권은 상점가에 있던 작은 규모의 경제활동을 되살리는 계기가 될 수 있을 겁니다. 작은 경제활동도 유지되고 그것이 주민들의 생활을 풍요롭게 만든다는 이미지와 연결되면 좋을 것 같아요.

마쓰유키 가능성은 있습니다. 지금 일본에서는 다양한 제도가
피폐화되고 있습니다. 하지만 무에서 새롭게 만들어내는 것이
아니라 기존 구조에서 하이브리드를 적절하게 만들어 사회문제에
대응하는 것이 현실적이라고 생각합니다. 지역사회권에는
하이브리드를 낳는 장치, 구조로서의 가능성이 있습니다.

전용공간의 소형화

다마타 마코토 제가 신경 쓰이는 부분은 2.4미터라는 모듈입니다.
이 2.4미터가 미묘한 스케일이어서 공유공간에서 복도로 삼기에는
너무 크고 사람들이 모여서 무언가를 하기에는 너무 작습니다.
주민들이 그곳에 물건을 쌓아두기 시작하면 대부분 전용공간으로
변해버릴 가능성이 있어요.

스에미쓰 전용과 공용의 문제가 규모와 연관되는 게 매우
흥미롭네요. 바꾸어 말하면 규모가 지나치게 크면 어느 쪽의
소유인지 모르게 될 가능성이 있습니다. 한편으로는 공용공간이
마음대로 전용되는 것도 흥미롭기 때문에 2.4미터로 정한 겁니다.

야마모토 침대를 놓아보면 쉽게 이해할 수 있습니다. 설계도상
2.4미터이기 때문에 내부의 길이는 2.2미터정도가 되는데
침대를 놓으면 빠듯하지요. 작기 때문에 인구밀도가 올라갑니다.
고밀도주거지의 실험모델로 충분히 가능하다고 생각합니다.
단 외부공간과의 연계가 필요합니다. 집 외부를 2.4미터의
두 배 정도 느낌으로 사용할 수 있다면 집 내부는 작아도 상관없지
않을까요?

나카 주방의 바닥폭은 2.4미터지만 통풍구를 비롯해서
외부에 닿아 있기 때문에 공용공간의 장단점은 갖추었다고
생각합니다. 유니테다비타시옹(Unité d'Habitation, 1952년 프랑스
마르세유에 건축가 르 코르뷔지에가 설계한 집합주택)의 어린이방은
1.83미터니까 주거공간의 폭도 그것보다는 넓습니다.(웃음)
깊이나 높이에 변화를 주기 때문에 문제는 없을 것 같군요.

야마모토 2.4미터는 빠듯하게 사용할 수 있는 치수입니다.
집의 외부와 잘 연결하면 충분히 가능합니다.

다나카 구니아키 저는 2.6미터라는 높이가 재미있습니다. 지역사회권의
6층 높이 건물이 일반적인 건물의 5층 높이에 해당하는 것이지요.

접지층에 간판을 부착해보면 이른바 상업점포 같은 느낌이 들지 않고 입주민이 일일매장을 열어놓은 듯한 분위기가 느껴집니다. 컨테이너규격에 맞춘 것인데 건물과 매우 가깝게 느껴집니다.

야마모토 확실히 건물을 둘러보면 '약간 작다'는 느낌이 듭니다. 저는 그 '약간 작다'는 치수가 매력적이라고 생각합니다. 실제로 모형을 만들어서 확인할 필요가 있습니다.

증축, 개축의 자유와 생활의 안정

다마타 연구회를 진행하는 도중에 다양한 장소에서 프레젠테이션을 실시했는데 그때마다 돌아오는 반응을 보고 이렇게 하자, 저렇게 하자는 식으로 진행해왔습니다. 실질적인 반응을 확인하면서 진행할 수 있어서 다행이었습니다.

다나카 "이런 장소라면 마음이 내키지 않을 때에 집안일을 돌보지 않아도 될 것 같다."라는 등 우리의 예상과는 다른 반응도 많았어요.

다마타 집을 생활방식에 맞추어 확장한다는 부분에서도 공감을
얻었습니다. 변경이 불가능한 집이 아니라 확장할 수도 있고
축소할 수도 있는 집이라는 측면에서요.

다나카 집의 전용면적을 줄이는 것을 장점으로 여기는 사람이
있다니 재미있는 경험이었습니다. 새로운 관점이었죠.

야마모토 히라야마 요스케 교수에게 들은 이야기인데 고령자의
80퍼센트 정도는 자가주택에서 생활한다고 합니다. 더이상
넓은 공간이 필요하지 않지만 집 면적을 줄이기는 어려우니까요.
그래서 노부부 둘이 넓은 주택에 사는 경우도 많습니다. 일단
집을 소유하면 지속적으로 유지하고 관리해야 합니다. 이것은
'내 집 소유' 정책의 결점으로 소유자 입장에서는 큰 부담이지요.
지역사회권에서는 상황에 따라 임차하는 넓이를 증감할 수
있기 때문에 그것만으로도 주택 부담에서 해방될 수 있어요.

사에키 료타 사람들이 소유물에 얽매여 생활한다는 사실도
발견했습니다. 공공수납장이 있고 지역사회권 내부 어느 곳이든
드나들 수 있다면 훨씬 가벼운 기분으로 생활할 수 있을 거예요.

야마모토 수납공간을 좀 더 가까운 장소에 놓을 필요가 있을지도 모릅니다. 자녀가 두 명 이상이라면 옷도 많아질 테니까요.

사에키 지역사회권에서는 물건을 소유하는 방식도 바뀔 겁니다. 이 정도만으로도 충분히 생활이 가능하다는 느낌을 받게 될 거예요. 요즘엔 너무 많은 물건을 소유하기 때문에 공간이 물건으로 가득 채워져 있잖아요.

스에미쓰 지역사회권에서 제안한 용적임대시스템도 분명히 수요가 있을 텐데 웬일인지 아직까지 실현되지 않네요. 이것도 임대인의 논리 때문이 아닐까요? 임대인의 입장에서는 많은 사람이 큰 집으로 이사를 와서 보증금이나 월세를 지불할 때 얻는 이익을 포기하기 어려우니까요. 용적임대시스템이 만들어지면 이삿짐도 가벼워질 테고 소유물도 상당 부분 줄어들 겁니다.

지역사회권의 의미와 가능성에 대해 의견을 나누는 참석자들.

공간을 그리는 방법

나카타 마사미 이번에 그림을 그려보고 2.4미터의 공간이 현실적으로
다가왔습니다. 뜻밖으로 넓다는 느낌이 들었습니다. 시행착오가
되풀이되었지만 그것 자체가 재미있었어요. 건축을 완성한 뒤에
복지 같은 건축 이외의 요소를 공간에 포함시키는 과정에서도
다양한 점을 발견했습니다.

야마모토 그림을 그리는 방법에 따라 분위기가 바뀌었지요.

나카타 다양한 그림을 그렸다고 생각하지만 현실과 비교해보면
아직도 부족한 요소들이 적지 않습니다. 대사나 몸짓을 묘사할
때에는 구체적으로 상상할 필요가 있더군요. 그림 속 인물에게
대사를 부여할 때에는 상황을 확실하게 생각하지 않으면
안 되니까요. 몇 번이나 야마모토 씨에게 지적을 받고서야 제가
아직도 기존의 방식에서 벗어나지 못한 채 그림을 그린다는 사실을
깨달았습니다.

다마타 일반적으로 아버지와 어머니, 자녀를 그리는 그런
느낌이겠지요.

스에미쓰 건축도 마찬가지입니다. 우리는 상상 이상으로
기존의 개념에 지배당합니다.

나카타 틀에 박힌 양식을 피하면서 현실성을 갖추는 게
어려웠습니다. 도면이나 모형으로는 보이지 않던 부분이었어요.

야마모토 가족이 탁자를 둘러싸고 앉아 있는 것은 일반적인 식사
장면이잖아요. 르 코르뷔지에의 집합주택계획에는 테라스에서
권투하는 모습이 그려져 있는데 그런 그림을 그린 사람은
르 코르뷔지에뿐입니다. 그래서 강렬하게 남아 있어요. 주택을
그릴 때에도 지금까지와는 다른 방식으로 상상하고 싶습니다.

나카 거주자가 어떤 장소에 모이는 장면을 상상하는 것은 사실
매우 어려운 일이에요.

야마모토 지금 주택지에는 애당초 거주자가 모이는 장소가 없습니다.
단독주택들이 모여 있는 지역의 도로는 단순히 통과하기 위한
장소입니다. 아름다운 울타리가 있어도 외부 도로에서 집 안이
들여다보이지 않게 하기 위한 장치에 불과해요.

나카 우리 집 주변은 반려동물 덕에 공동체가 형성됐어요. 모두 산책하는 도중에 걸음을 멈추고 이야기를 주고받아요. 반려동물이 없으면 대화를 나눌 계기조차 없는 장소거든요. 그래서 모두 반려동물을 기르려는지도 모르겠네요.(웃음)

야마모토 '광장'이라는 말이 참 어렵습니다. 단순히 넓은 장소라는 의미밖에 없잖아요.

나카 일본에 광장의 개념이 들어왔을 당시에는 길이 약간 넓다는 정도의 의미에서 넓은 골목으로 불렸다고 합니다. 우에노(上野)에는 그런 의미의 지명이 아직도 남아 있어요.

장소의 이름 안에 숨겨진 의미

나카타 '광장'이라고 하면 사람들이 모여 신나게 떠들고 움직이는 그림이 떠오릅니다. 지역사회권에서는 사람들이 오가는 거리에서 낮잠을 자는 할머니가 보인다거나 광장과 그 주변 공간의 관계가 보이면 좋겠어요. 그래서 광장이라는 이름이 어울리지 않을지도 모르지만 꽤 멋진 이름이 떠오르지 않네요.

<u>야마모토</u> 광장이라고 해도 단순히 넓은 장소가 존재하는 것이 아니라 그곳에 인접해 '개방공간'이 존재한다는 점이 중요합니다.

<u>사에키</u> '비스트로 & 키친(Bistro & Kitchen)'도 주방이나 식당으로 사용할 수 있지만 또 다른 사용방법도 있다고 생각합니다. 새로운 사용방법을 가정해 장소를 만들고 있는데 거기에 이름을 붙이는 순간 그 단어로 회수되어버리지 않을까 하는 걱정이 듭니다. 생각했던 것은 매우 자유로운 것이었는데 어울리지 않는 이름이 붙으면 어쩌나 하는 걱정이지요.

<u>나카</u> 하고 싶은 말, 전하고 싶은 내용, 떠오른 아이디어 등이 더 많이 존재한다는 의미군요.

<u>야마모토</u> 그림을 치밀하게 들여다보면 이해할 수 있을 겁니다. 세밀한 부분까지 그림으로 표현했기 때문에 세부까지 살펴보면 재미있는 부분을 많이 발견할 거예요.

<u>다나카</u> 거리의 음식점과 가정의 주방을 재편해서 '비스트로 & 키친'이라고 부르듯, 기본적으로는 현재의 생활기능을 따로 떼어놓거나 하나로 합치는 접근일 뿐이지 반드시 새로운 기능을

부가하는 것은 아닙니다. 무엇을 새롭게 제안하거나 전달하는 게
정말 어렵더군요. 간결하게 전달하려고 이름을 붙이기는 하지만
이름에 드러나지 않는 부분이야말로 가장 전하고 싶은 부분이라는
딜레마가 존재해요.

이런 딜레마는 프로젝트 전체에 해당합니다. '지역사회권이란
무엇인가?'라는 질문을 받았을 때 어떻게 대답해야 좋은지
아직 잘 모르겠습니다. 단어를 분해하면 기존의 단어들을 늘어놓은
것뿐이라고 생각할 수도 있지만 그런 단순한 단어 나열로
환원되지 않는 부분을 어떻게 전달해야 하는지가 과제입니다.

야마모토   그렇습니다. 단순히 사람들이 모여 사는 것이 아니라
상호 간에 관련성을 가진다는 점이 다르지요. 그 관계성을
디자인하는 것이니 어려울 수밖에요.

새로운 생활에 대한 상상력

마나베 유리   이 연구회에 1년 정도 관여했지만 저는 지역사회권이
지금까지 자신의 생활을 특별히 의식하지 않았던 사람들에게
'이곳에서 생활한다면 이런 일이 발생할지도 모른다'고 생각할 수
있는 계기, 자신의 생활을 다양하게 선택할 여지가 있다는 것을

발견하는 계기가 되었으면 좋겠다고 생각합니다. 지역사회권에
관여하면서 줄곧 머릿속에 떠오른 건 어머니입니다. 전업주부인
어머니가 당신도 모르게 가슴이 설렐 건축물을 만드는 것이
목표였습니다. 이번 제안은 그럴 가능성이 충분하다고 생각합니다.
하지만 전달이 어렵습니다. 어떻게 해야 현재의 생활을 당연하다고
생각하는 사람들에게 다른 대안이 있을 수 있다는 사실을 깨닫게
할 수 있을까, 그것이 과제라고 생각합니다.

스에미쓰 전업주부로 가정에 묶여버리면 공동체에 속하고 싶어도
쉽게 다가가기 어려워요. 마나베 씨의 말은 지역사회권이 그런
사람들의 잠재적인 바람에 대응할 수도 있다는 뜻이군요.

야마모토 세계화가 진행되면 될수록 전 세계의 모든 장소가
균질화되는 방향으로 나아갈 수 있다는 위기감이 듭니다.
지역사회권은 그곳에서의 삶을 장소의 특성과 함께 생각하자는
방법론입니다. 이 제안처럼 에너지나 상부상조시스템 또는
경제활동을 포함해 어느 정도 자립성을 가진 지역사회권
거주단위가 완성되었을 때 그것이 우리의 행정시스템이나
경제에 어떤 영향을 끼칠지 흥미롭습니다. 일본이란 나라에 어떤
의미일지 궁금해요.

마쓰유키 현재의 자본주의에서는 분할판매가 쉬운 균질한 것을 거래하려는 경향이 강합니다. 지역사회권에서는 사생활과 공공영역 사이에 '공동'이라는 개념을 도입해서 경계를 부드럽게, 애매하게 만드는 장소의 특성을 살려냅니다. 이처럼 경계를 애매하게 만들면 결국 분할판매가 어려워지지요. 그렇기 때문에 이 시도는 현재의 자본주의체제에 대한 하나의 저항이며 생활의 풍요로움을 높이는 방법이라고 생각합니다. 하이브리드나 상호침투하는 시스템으로 장소성이 탄생하고 그것이 지금까지 없었던 경제나 사회를 만들어내는 계기가 될 가능성이 있습니다.

스에미쓰 야마모토 씨가 처음부터 지역사회권이라는 장소성을 가진 단어에 집착했던 이유를 이제야 알 것 같습니다. 예를 들어 과거의 상점가에서는 자기들이 직접 청소하고 물도 뿌렸는데, 그것이 상점가 전체를 위한 일이기도 하고 자신에게도 이익이 되니까 결과적으로 공동체가 된 거지요. 지역사회권은 그런 구조입니다. 사실 자본주의가 낳은 타워맨션의 아래층 공터에는 아무도 귀속의식을 갖지 않기 때문에 쓰레기가 떨어져 있어도 주울 생각을 하지 않습니다. 다른 사람으로부터 격리된 전용공간만을 자기 것이라고 생각하는 사람들의 입장에서 볼 때 그곳을 청소하는 일은 아무런 이익이 되지 않으니까요. 이것은 현재 지나치게 앞서

간 자본주의 상황과도 비슷합니다. 리먼브러더스 사태도 고도의
수식을 운용해 자기들의 손길이 닿지 않는 규모의 경제활동을
하다가 발생한 것이죠. 지역사회권에서는 공동체의 일부로서
모든 사람이 작은 개방공간을 반드시 소유한다는 구조가 가장 큰
특징입니다. 즉 개방공간으로 다시 한번 장소나 규모와 관련된
입장에서 입주자의 책임범위를 생각하고, 그 안에서 생활이나
경제활동을 시작해보자는 제안이 아닌가 싶습니다.

나카 그렇습니다. 다만 처음에도 말했지만 이산화탄소 삭감이나
혼자 외롭게 생을 마감하는 고독사를 면하기 위해 모여 사는 것이
아니기 때문에 무엇을 목적으로 모이게 하는가, 목적이라고 하면
너무 거창하니까 무엇을 공유가치로 삼아야 하는가가 중요한
문제가 되겠지요.

야마모토 지역사회권을 내가 귀속할 장소라고 생각하는 것이
중요합니다. 그렇게 하려면 상부상조시스템이 성립되어야 합니다.
'상부상조' 같은 관계는 앞으로 성립될 수가 없다는 식으로
냉소적인 반론이 있지만 그런 반응도 우리가 모르는 사이에
머릿속에 각인되어버린 바람직하지 못한 감각일 수 있어요. 보안과
사생활 보호를 중심으로 도시를 관리해온 것이 근대도시입니다.

그 안에서 자란 우리는 보안과 사생활 보호를 당연하게 여기게
되었습니다. 실제로 어떤 사건이 발생할 때마다 보안과 사생활
보호를 더욱 강화합니다. 상부상조는 근대도시계획이론에서
철저하게 배제되어 왔어요. 하지만 저는 상부상조시스템이
도시의 균질화, 표준화와 연결된다고 생각합니다.

  자기희생적인 상부상조가 아니라 그것이 하나의 경제적
시스템으로서 성립되는 것이 중요합니다. 그렇기 때문에
지역사회권이 상부상조하는 방식으로 성립된다고 표현해도
충분히 설득력이 있다고 생각합니다.

<u>나카</u> 요코하마시의 부시장이나 건축부서에서 '협동조합 형식으로
운영하는 것이 어떠냐'는 제안을 하더군요. 하지만 지역사회권은
전출입이 가능한 집합주택으로서 임대가 핵심입니다. 저는
지역 내 일자리가 거주자들이 모이는 하나의 동기라고 생각합니다.
각자의 개성을 살린 서비스를 제공할 수 있고 그것을 평가하고
기대할 수도 있습니다. 간병서비스를 받는 노인이 다른 장소에서는
아이들의 놀이상대가 되어 육아에 참여할 수도 있습니다.
그런 현상이 각 서비스의 연계 속에서 탄생한다면 충분히 보람을
느낄 거예요.

스에미쓰 참가의식도 생기고요. 능동적인 참여를 기대해볼 만합니다.

다나카 지역사회권에서는 거주자가 가벼운 마음으로 이주할 수
있게 공간을 설계하고 운영하는 시스템을 생각하고 있습니다.
그것이 기존 공동체에서 한 걸음 더 나아간 부분이겠지요.

야마모토 공동체는 과거에만 존재했던 것도 아니고 우리의 자유를
구속하는 것도 아닙니다. 우리가 책임지고 만들어내는 것입니다.
그렇기 때문에 우리가 실감할 수 있는 구체적이고 현실적인 장소의
특성과 함께 형성되어야 한다는 점이 매우 중요합니다.

2011년 9월 25일
야마모토리켄설계공장에서

지역사회권을 시도하다

한국에서의 지역사회권

강남하우징의 프로젝트 공사가 시작될 무렵, 인터넷 미디어로부터
강한 비판이 제기됐다. 각 주택의 사생활이 전혀 보호되지
않는다는 내용이었다. 물론 현관문이 투명유리이기 때문에
집 내부가 들여다보이긴 했다. 하지만 외부에 노출되는 장소를
어떻게 꾸밀 것인지, 그 장소를 적절하게 활용하려면 주택계획을
어떻게 짤 것인지, 전체적인 배치는 어떻게 계획할 것인지 등이
이 프로젝트에서 가장 중요한 제안이었다.

　기존 주택계획의 핵심은 각 주택의 사생활과 보안을 확보하는
것이었다. 아파트의 현관로비는 도어폰으로 확인한 뒤, 자택으로
들어가려면 다시 엄중한 잠금장치를 통과해야 한다. 공급자는
물론이고 주민 입장에서도 사생활과 보안이 가장 중요한
관심사이다보니 이런 이중보안장치가 설치된 것이다.

　그 결과 주택은 철저하게 밀실이 되어버렸다. 현관문을
닫아버리면 주택 안에서 무슨 일이 일어나는지 전혀 알 수 없다.
이렇듯 집합주택은 각 주택이 서로 격리된 채 만들어지고 있다.
한국이건 일본이건 이런 밀실 같은 주택에서 생활하는 것이
당연시되어버렸다. 우리의 감성이 그런 밀실성에 익숙해진 것이다.
이런 주택에서 생활하면서 얻는 것은 외부로부터의 독립성이고
잃어버리는 것은 지역사회와의 관계다. 민간주택업자의
입장에서는 사생활과 보안을 주택판매의 핵심적인 요소로

삼으면 그 주변환경과는 아무런 관계없이 맨션을 판매할 수 있다. 민간주택업자의 입장에서 중요한 것은 비용과 대지면적과 사생활이다. 그런 것을 상품으로 판매할 경우 주택의 내부만이 중요한 의미를 가진다.

지금 한국과 일본에서는 그런 밀실 같은 주택이 문제로 떠오르고 있다. 실제로 일본에서는 밀실 같은 주택생활로 다양한 사건과 사고가 발생하면서 사회문제가 되고 있다. 따라서 우리의 프로젝트는 어떻게 해야 주변환경, 주변의 지역사회와 하나될 수 있는가, 그것이 가능한가 하는 의문에서 출발했다.

그 첫 번째 제안이 판교하우징이다. 판교하우징은 모든 주택이 3-4층 건물로 이루어졌고 2층에 현관이 있다. 2층에 코먼덱(Common Deck)과 모든 주택의 현관이 통해 있다. 현관홀은 유리로 이루어져 있다. 유리를 설치한 현관홀은 노출을 전제로 설계했기 때문에 내부가 들여다보인다고 해서 특별히 문제가 있는 것은 아니다. 약간 널찍한 현관홀을 아틀리에나 갤러리, 손님과 대화를 나누는 장소로 사용하는 사람도 있다. 자신이 원하는 용도에 맞게 다양한 장소로 이용하는 주민들을 보고 이런 설계도 나쁜 것만은 아니라고 확신했다. 각자의 생각에 맞게 외부와의 관계를 독창적으로 만들어낼 수 있으니까 말이다. 만약 현관홀을 외부에서 전혀 보이지 않게 만들었다면 이런 다양한 현상은 발생하지 않았을 것이다.

　이 주택의 현관홀은 외부에서 들여다보이지만 주택계획을
잘 살펴보면 외부에 개방되어 있는 부분과 사생활을 지켜야 할
부분은 엄밀하게 구분되어 있다. 원래 한국에서도 근대화되기
이전의 전통주택은 그런 구조로 이루어져 있었다. 손님을
맞이하는, 즉 외부에 열려 있는 장소와 가족들만의 개인적인
장소가 확실히 구분되어 있었다. 한국의 전통주택뿐 아니라
어떤 주택이건 그런 구조야말로 주택을 외부사회와 접속시키는
가장 중요한 구조였다. 그런 주택이 사라지고 단순히
밀실 같은 주택으로 변한 것은 근대화 이후에 주택이 대량으로
공급되기 시작하면서부터다. 특히 주택이 민간주택업자에
의해 상품으로 공급되기 시작한 이후부터다.

　하지만 앞으로 전개될 고령화사회에서 그런 밀실 같은 주택은
제 역할을 할 수 없다. 오히려 미래사회에 역행하는 주택이
될 것이다. 그렇다고 해서 전통적인 주택으로 되돌리자는 뜻은
아니다. 현재 우리 시대에 어울리는 주택을 우리 자신이 개발해야
할 필요가 있다는 뜻이다. '판교하우징'은 그 대표적인 시도였다.

　'강남하우징'도 마찬가지다. 판교하우징이 100호 집합주택인
데 비해 강남하우징은 1,000호 집합주택이다. 우리는 남북으로
배열된 건물을 서로 마주보도록 배치했다. 각 건물의 현관이

마주보고 있는 형태인데, 그렇게 마주보고 있는 현관문을
투명유리로 마감했다. 현관문은 투명하지만 그 내부의 주택은
사생활이 침해받지 않도록 신중하게 계획했다. 강남하우징처럼
외부로 열려 있는 장소와 내부의 사생활을 지켜야 할 장소가
엄밀하게 구분되도록 계획을 세웠다.

하지만 투명한 현관문만을 지적하며 인터넷 미디어가 비판을
제기했다. 그 비판 자체가 기존의 밀실주택만이 주택이라고
믿는 사고방식에서 기인한 것이다. 강남하우징의 내용이나
의도를 전혀 이해하지 못한 상태에서 제기된 비판이었다. 그런
반응을 보고 당황한 상부에서는 즉시 투명유리를 불투명으로
바꾸라고 명령했다. 우리는 어쩔 수 없이 투명유리에 시트를
붙였다. 설계 경쟁 당시부터 우리가 제안한 내용의 핵심이었고
심사위원들로부터도 높은 평가를 받은, 미래사회에 대한 중요한
제안 중의 하나가 불발로 끝나버리는 순간이었다.

미래사회는 단순히 사생활을 중시하는 것이 아니라 주민이
상부상조하는 사회가 될 것이다. 그런 미래사회를 위해 건축가는
무엇을 할 수 있을까. 우리의 책임은 매우 무겁다. 지금은 앞으로
주택을 어떻게 만들어야 할 것인지 건축적 제안이 필요한
시점이다. '지역사회권모델'은 그 제안 가운데 하나다.

판교하우징 프로젝트는 서울 중심부에서 자동차로 1시간 30분 정도 걸리는 성남 시에서 진행되었다. 모두 아홉 개의 클러스터로 구성되어 있는 약 100가구가 거주하는 저층집합주택이다.

각 클러스터는 10호 정도의 주택이 모여서 형성되며 공용공간이 각 주택을 연결한다. 주차장은 지하에 배치되어 있고 승강기를 이용해 직접 공용공간에 접근할 수 있도록 설계되었다.

각 주택의 1층은 가족을 위한 거실, 2층은 커다란 현관, 3층은 침실로 구성되었다. 2층의 커다란 현관은 유리로 마감했는데, 가능하면 공용공간을 개방된 장소로 만들고 싶었기 때문이다. 이 장소는 각 주택에서 생활하는 사람들이 자유롭게 용도를 바꿀 수 있다. 취미활동을 하는 방이나 작업장으로 사용할 수 있다. 응접실로 이용해 손님들과 담소를 나누거나 아이들의 놀이터로 이용해도 된다. 내부에서 생활하는 가족들만을 위한 장소가 아니라 이웃에 개방하고 그들과 함께 사용할 수 있는 장소다.

가족의 사생활과 이웃과의 공동체는 서로 양립하기 어렵다. 그것을 양립하려면 어떤 방법을 이용해야 할까. 공용공간과 개방된 현관홀은 그 방법 가운데 하나다.

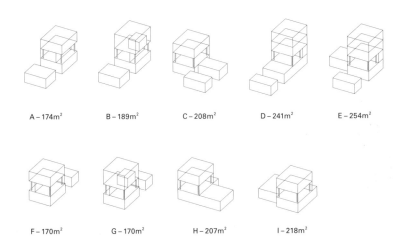

A – 174m²   B – 189m²   C – 208m²   D – 241m²   E – 254m²

F – 170m²   G – 170m²   H – 207m²   I – 218m²

1층 설계안 1/800

2층 설계안 1/800

1 코먼덱
2 거실
3 주방
4 침실
5 현관
6 주차장

3층 설계안 1/800

4층 설계안 1/800

배치계획 1/2000 ①

접근도로 쪽에서 보면 3층 단독주택들이 늘어서 있는 것처럼 보인다.

공용공간은 10-13호 주택이 공유한다.

공용공간에서 각 호의 커다란 현관이 보인다.

현관은 사방이 유리로 마감되어 있으며 아틀리에, 취미활동을 할 수 있는 방, 사무실 등 다양한 용도로 사용된다.

공용공간과 개방된 현관은 주민들 간의 소통과 지역공동체를 형성하기 위한 시도다.

공용공간에서 현관 내부의 활동 모습이 보인다. 현관은 넓은 문지방 같은 역할을 담당한다.
'문지방'은 공용공간과 각 호의 관계를 조정하는 장소다.

project
강남하우징

2013

강남하우징 프로젝트는 대한민국 서울의 남쪽 강남구에
저소득층을 대상으로 한 집합주택 프로젝트였다. 1970년대
한국에서는 급격하게 상승하는 도시인구를 흡수하기 위해
일본과 마찬가지로 표준가족을 위한 주택을 공급해왔다.

그러나 고령화가 진행되면서 주택에서 생활하는 세대의
인원이 급격히 감소하는 한편, 고령자가 혼자 생활하거나 단둘이
생활하는 가정이 급증하고 있다. 2030년에는 인구의 4분의 1이
고령자가 될 것으로 예상되는데 기존의 '1가구 1주택시스템'은
그런 상황에 대응할 수 없다. 우리는 21세기 주택의 모습으로
사생활을 보장하는 동시에 지역사회와 공존할 수 있는 주택의
원형을 제안했다.

이런 주택의 특징은 다기능화다. 주택은 이제 단순히 가족이
생활하고 자녀를 양육하는 장소가 아니다. 다양한 활동을 통해
주택을 지역사회에 개방한다면 설령 혼자 생활한다고 해도
개인이 고립되지 않는 새로운 시스템을 만들 수 있을 것이다.

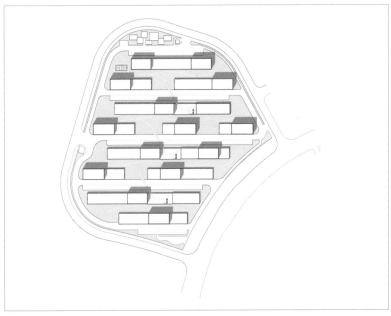

배치계획 1/4000

그렇게 개방된 주택을 만들기 위해 한국의 전통적인 공간인 '사랑방'과 '마당'이라는 두 가지 공간을 프로젝트에 도입했다. 사랑방은 손님을 맞이할 때 사용하는 '객실'이고 마당은 거리에서 주택까지 연결된 통로다. 우리는 이것을 '사랑방=다양한 활동을 하기 위한 방' '마당=그 활동을 연결하는 장소'로 바꿔 부르기로 했다.

우선 각 호의 입구에 사랑방을 설계하고 마당이라 부르는 통로를 이용해 각 호를 연결했다. 그렇게 건축된 저층건물들을 평행으로 배치하고 두 건물을 하나의 세트로 만들었다. 두 건물의 중심에는 '코먼필드(Common Field)'를 배치해 각 호가 코먼필드를 축으로 마치 거울에 비친 것처럼 반전된 모습을 이루게 했다. 저층건물 위에 타워를 설치하고 타워 뒤쪽에는 일조량을 감안해 광장을 설치했다. 두 채의 저층건물, 코먼필드, 타워, 광장으로 이루어지는 공간을 1클러스터(Cluster)라고 불러 공동체의 단위로 삼았다. 코먼필드에는 '공동주방(Common Kitchen)'이나 '작은 도서관 (Small Library)'이 배치되어 주민들이 함께 사용할 수 있다. 광장은 경기장(Sports Field)이나 운동장(Playground)이 된다. 각 클러스터에는 보육시설이나 노인시설, 도서실 등이 배치되고 이 시설들이 구역 전체 공동체의 중심이 된다.

우리의 제안은 1가구 1주택시스템을 대신하는 새로운 주택이다. 이것은 지역에 개방되어 있는, 지역사회를 소중하게 여기는 주택 제안이다.

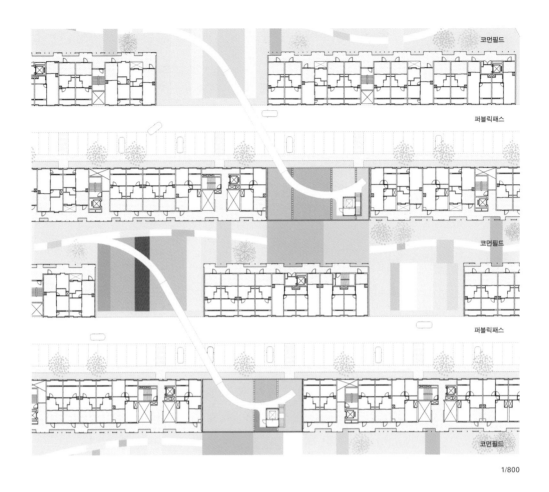

코먼필드

퍼블릭패스

코먼필드

퍼블릭패스

코먼필드

1/800

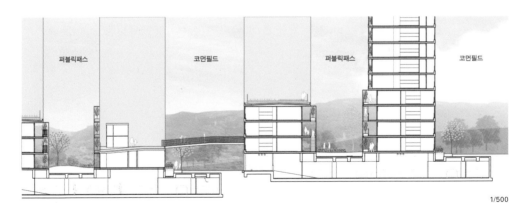

퍼블릭패스   코먼필드   퍼블릭패스   코먼필드

1/500

주 건물은 코먼필드와 퍼블릭패스(Public Path) 양쪽에 접해 있다. 코먼필드는 각 호의 현관이 마주보는
안마당에 해당하는 공간이고 퍼블릭패스는 주 건물로 가는 접근공간 겸 주차공간이다.

강남하우징은 4층의 저층동과 15층의 고층동으로 이루어져 있다. 고층동 1층에는 생활지원시설이, 북쪽 코먼필드에는 광장이 있다.

건물은 서로 다리로 연결되어 사람들이 이동할 수 있다.

저층동의 현관은 코먼필드를 사이에 두고 서로 마주보고 있다.

나가며
함께 생각하고 싶다

한국의 주택 사정은 일본과 비슷한 부분이 있지만 결정적인
차이도 있다. 비슷한 부분은 주택정책이 국가의 입장에서 볼
때 매우 중요한 의미가 있는 경제정책이기도 하다는 점이다.
주택판매 수량은 그대로 국가의 경제지표에 영향을 끼친다. 그렇기
때문에 가능하면 많은 사람이 주택을 구입하기 쉽게 정책적으로
유도한다. 이른바 '내 집'정책이다. 그래서 '내 집'에 살지 못하는
사람들은 생활면에서 약자에 속한다. 현재 일본의 실정이 그렇다.
주택은 이미 충분히 공급되었다는 판단 아래 공공임대주택을
거의 공급하지 않는다. 하지만 '주택은 이미 충분하다'는 주장은
거짓말이다. 민간이 만든 열악한 임대아파트나 노후화된
단독주택까지 포함해서 그 수가 일본의 총 가구수보다 많다고
주장하는데 이것은 '내 집'정책을 유도하기 위한 방편에 지나지
않는다. '내 집' 공급은 전적으로 민간주택업자에게 맡겨져 있다.
그 때문에 저소득층은 불량 주택, 좁은 주택에서 생활할 수밖에
없는 상황에 놓여 있다.
　'내 집'정책을 유도한다는 점에서는 한국의 실정도
비슷하다. 하지만 한국에서는 '내 집'과 함께 저소득층을 위한
공공임대주택도 공급한다는 점에서 일본의 주택정책과 다르다.
한국에서 주택문제는 단순한 경제문제가 아니다. 주택문제야말로
정치적 문제의 중추에 해당한다. 사회보장, 에너지문제 등 다양한

사회기반시설 역시 주택과 함께 생각해야 한다. 한국의 행정은
그 부분을 잘 이해하고 있는 듯하다. 한국에서 강남과 판교
두 지역에 집합주택을 설계할 기회를 얻었고 그 경험을 통해서
배운 사실이다.

주택은 사생활과 보안을 위해 존재한다는 '상식'을 어떻게든
바꾸어야겠다고 생각했다. 그것은 구마모토(熊本)에 건축한
'호타쿠보 제1단지'에 손을 댔을 당시부터 나의 강렬한 바람이다.
'1가구 1주택'이 강조하는 사생활과 보안을 위해서가 아니라,
그 주택에서 생활하는 사람들이 곧 지역사회의 주민이라는 사실도
간과해서는 안 될 문제다. 그렇게 사고방식이 바뀌면 주택은 어떤
모습이 될까. 나는 그런 주택을 제안하고 싶었다. 주택에 대한
상식을 바꾸고 싶다는 말은 그런 의미에서 나온 것이다. 그 하나의
시도가 판교에 건축한 집합주택이었고 한국의 LH공사는
그 제안을 적극적으로 받아들여주었다. 그리고 많은 주민이
지금까지 한국에는 없었던(물론 일본에도 없는) 그 해방적인 주택을
내가 생각한 것 이상으로 훌륭하게 사용하고 있다. 내 입장에서
볼 때 감동적인 일이다. 한국에서 처음으로 '지역사회권적 주택'이
실현된 것이다.

마찬가지로 강남에도 지역사회권을 강하게 의식한 주택을
제안했다. 하지만 그 제안의 핵심이었던 '투명한 현관'은

한 인터넷신문이 강하게 비판하는 바람에 완전히 부정되어버렸다. 기사를 본 LH공사는 그때까지는 전혀 문제 삼지 않았던 개방성에 불안해했다. 투명한 현관을 사용할 경우 사생활을 보장할 수 없을지도 모른다는 불안감에 휩싸인 것이다.

사실 이 강남프로젝트는 사생활 보호라는 '상식'이 지금까지 지역공동체 형성에 얼마나 많은 손실을 끼쳤는지 생각한다는 의미에서 출발했다. 나는 이런 비판을 접하면서 주택에 대한 상식이 얼마나 굳건한지 새삼 실감했다. 하지만 이런 제안이 언젠가 많은 사람들에게 받아들여질 것이라고 믿는다.

앞으로 한국사회에서도 지역사회권 같은 주거방식이 반드시 요구될 것이다. 지역사회권시스템은 1가구 1주택시스템을 대신해 앞으로 고령화사회에서 가장 가능성 있는 주거방식이기 때문이다. 이 책이 그 부분에 일조할 수 있다면 저자로서는 더 할 나위 없는 기쁨이다.

이 책을 위해 최선을 다해주신 안그라픽스의 문지숙 주간, 최은영, 안마노, 민구홍 님, 그리고 번역을 비롯해 다양한 충고와 함께 판교와 강남에서 야마모토사무실을 적극적으로 지원해주신 성상우 선생님께 진심으로 감사의 말씀을 전한다.

감수를 하고 나서

5년 전부터 나는 아파트에서 일을 한다. 집에서 일을 하다 보니
누구보다도 주거와 공동체에 관심이 많다. 그러던 차에 우리가
흔히 사용하는 집의 어원이 궁금해서 인터넷 포털사이트에
집이라는 단어의 어원을 검색해보았다.

家(집 가)의 의미들은 간혹 눈에 띄지만 집 자체에 대한
우리말은 찾아볼 수 없었다. 왜일까? 누구나 알고 있기
때문이라서? 그래서 엉뚱한 상상력을 발휘해보았다.
일반적으로 집이란 한 가족이 모여 함께 생활하는 공간이고
건축물로서의 집 또한 실로 많은 재료들이 모여 이루어진다.
모인다. 혹시 집이 한자의 集(집)에서 유래된 것은 아닐까?

集의 한자는 隹(새 추)+木(나무 목)을 합친 글자로, 나무 위에
새가 모여 앉아 있는 것을 나타낸 회의문자다. 인간이 동굴에서
나와 초원에 살게 되면서 공격자들로부터 자신을 안전하게
보호하기 위해 새의 둥지에서 힌트를 얻어 집을 지은 건 아닐까?

집이 집인 이유는 이렇게 나무에 기대든 땅에 기대든 인간들이
모여 사는 행위에서 비롯되었다고 생각한다. 이런 관점에서 보면
집은 한 가족이나 한 개인의 주거공간만을 표현하는 것이 아니고,
씨족이든 가족이든 개인이든 그들이 모여 사는 공간과 그 외의
장소를 표현하는 것이라 볼 수 있을 것 같다.

야마모토 리켄의 이 책『마음을 연결하는 집』은 이런 모여

사는(集) 삶의 방식에 대한 새로운 제안의 선언서와 같은 책이다.
나는 이 책이 출판되기에 앞서 이 책의 실마리를 2009년 LH에서
시행한 성남 구시가지 재개발 설계자문회의에서 보았다

　「지역사회권」이라는 제목으로 발표한 글에는 어느 한 지역에
뿌리내려야 하는 공동주택이 앞으로 어떤 모습이어야 하는가에
대한 고민이 담겨 있었다. 당시만 하더라도 '1가구 1주택'의 해체,
분양에서 임대로, 지역의 작은 경제권 등과 같은 키워드들은
굉장히 낯설고 현실과 동떨어진 이야기였다. 왜냐하면 주민조합과
LH측과 성남 시는 보다 많은 연면적과 가구수를 어떻게 하면
적은 비용으로 만들어낼 수 있는가에 관심을 기울이고 있었기
때문이다. 주택을 소유하고 더 많은 면적을 점유하기 위한
모임에서 지역사회권은 씨알도 먹히지 않았고 단지 고원한
건축가의 제안으로만 들렸을 것이다.

　그러나 최근 장기적인 경기 침체로 아파트 가격이 하락하는
경제적인 측면과 고령화, 저출산, 나홀로 가족 등과 같은
사회변화로 집에 대한 패러다임이 크게 변하고 있는 것이
사실이다. 기존의 1가구 1주택 소유의 주택정책과 사회보장제도가
빠르게 변하는 사회 흐름에 부합하지 않는다는 것을 피부로
체감할 정도다.

　몇 년 전부터는 주택 트렌드도 변화하고 있다. 최근에

한 필지에 집 두 채를 짓는 땅콩집이 유행하고 자연환경과
에너지에 부쩍 관심이 많아지면서 친환경 집짓기와 패시브하우스
(Passive House)에 대한 관심도 높아졌다. 낙후된 지역의 재개발은
기존의 대규모 방식에서 벗어나 지역사회에 기초한 보다 소규모
재개발과 협동조합에 의한 개발방식 등으로 변하고 있다.
이런 일련의 움직임 속에서 새로운 가능성을 엿볼 수 있다.

　　이 책은 이런 가능성에 새롭고 바람직한 방향성을 제시한다.
이 책은 건축전문가만을 위한 책이 아니다. 지금까지 출간된
공동주택 관련 서적이 전문가를 위한 책이었다면 이 책은
그곳에서 살 사람들을 위한 책으로, 지은이는 어느 소수의
전문가나 자본가가 건축하는 일방적 공동주택이 아니라,
지역에서 함께하는 삶의 방식을 제안하고 선언한다. 왜냐하면
기존의 주택공급방식이 국가나 대자본가들에 의한 일방적인
공급방식이었다면, 앞으로는 주민 모두의 참여로 만들어지는
공동체가 주목받을 것이라고 보기 때문이다.

　　이런 기존의 틀을 깨고 싶어서일까. 이 책의 원제인
『지역사회권주의』에서는 다소 딱딱하고 정치적인 어감의
이데올로기가 풍긴다. 하지만 책장을 넘겨보면 친근함을 느낄 수
있다. 재미있는 만화와 말풍선들이 있어 책 속에 등장하는
사람들의 삶이 친근하게 다가온다.

글은 여느 건축가가 쓴 책처럼 감상적이지 않다. '지역사회권에 살고 싶다'라는 대목에서는 독자들을 불편하게까지 한다. 아마 현재 삶의 틀을 깨기 위한 강하고 건조한 선언적인 어투가 필요했던 것 같다. 이 이중성이 건축가 야마모토 리켄이 기대했던 바가 아닌가 싶다. 파격은 우리에게 불편과 고통을 요구한다.

이 책에서 야마모토 리켄은 이렇게 말한다.

미래사회는 단순히 사생활을 중시하는 것이 아니라 주민이 상부상조하는 사회가 될 것이다.

여기에서 우리는 지역사회권주의를 한마디로 표현할 수 있는 주제어와 만난다. '상부상조'. 서로 의지하고 서로 돕는 삶이라는 의미를 지닌 상부상조는 조선시대 향약의 한 규범으로 지금처럼 국가가 모든 사회보장제도를 관장하는 현실에서는 매우 진부한 말처럼 들린다. 잔칫집이나 상가(喪家)에 내는 돈을 부조라고 지칭하는 말이 남아 있을 뿐이다. 하지만 국가의 재정상황을 보면 이 사회보장제도가 과연 우리 인생을 끝까지 보장할 수 있을지는 의문이다. 보다 작은 정부와 국민의 복지를 우선한다면 많은 자본을 축적해 마냥 쏟아붓는 것만이 능사가 아니라는 점을 우리는 잘 알고 있다.

근대화 이후에 해체된 지역사회와 함께 우리는 상부상조라는
말도 잃어버렸다. 예전에 우리는 이웃집의 숟가락이 몇 개고
아이의 생일이 언제이며 돌아가신 어르신의 제사는 언제인지를
속속들이 알았다. 모든 것이 드러나보이던 시대. 그래서 몸가짐을
보다 조심하고 상대를 배려하며 살았다. 하지만 근대화와 더불어
우리는 이 모든 것을 낡아 불편한 것이라고 여겼다. 일본은
패전 후의 어려움과 부흥기, 그리고 거품경제를 거치고 세계에
큰 충격을 주었던 도호쿠대지진을 경험했다. 그 영고성쇠 속에서
상부상조라는 오래전의 미덕이 얼마나 중요한지 깨달았을 것이다.

　야마모토 리켄은 LH에서 시행한 판교 타운하우스(100세대)와
강남 세곡보금자리를 통해 직접적으로 한국에 공동주택을 실현한
경험이 있다. 두 곳 모두 주민 간의 소통을 위해 설치한 투명한
현관문 때문에 많은 반대에 부딪쳤지만, 야마모토는 끝까지 소신을
굽히지 않았고 나는 그것을 옆에서 지켜보았다. 그런 소신은
건축의 힘으로 보다 나은 지역공동체를 구성하고 싶은 노건축가의
열정이며 애정이었다. 이 모든 것이 한 건축가의 작위적인 행위가
아닌 따뜻한 인간애에서 시작되었다는 것을 1986년에 완성된
그의 집 GAZEBO에서도 보았다.

　주로 집에서 일을 하는 나는 거실에서 일주일에 한 번
작은 배움공동체를 운영한다. 아이들과 엄마들에게 『명심보감』을

강의한다. 처음에는 철문을 열어 가족의 삶을 보여준다는 것이
부담스러웠다. 수업이 끝난 후에 아이들이 곳곳을 헤집고
다니니 사생활은 더 이상 존재하지 않았다. 하지만 몇 달이
지나니 그런 생활이 익숙해지고 이제는 일주일에 한 번 하는
수업이 기다려지기까지 한다. 손님이 찾아오니 우리 가족
또한 각자 역할 분담을 한다. 청소, 신발 정리, 방석 놓기, 뒷정리
등을 하다 보니 아이들에게도 사람을 대하는 태도가 몸에
붙는 것 같다. 더 보람된 것은 이 작은 공동체의 구성원들이
의기투합해 다른 프로그램도 운영한다는 점이다. 게임만
하는 아이들에게 어른들이 어릴 때 즐겼던 놀이를 알려주고
아파트에 사는 아이들에게 마을의 이야기를 들려주는
동네 알아가기 등의 프로그램이 그것이다. 지역공동체에
무관심했던 아빠들도 이제는 서로 술잔을 기울이는 관계로
발전했다. 이런 프로그램들로 주민들이 지역공동체에 대해
관심을 갖고 필요성을 느끼게 되었다. 우리는 40년 만에 대단지
아파트문화를 경험했다. 과도한 경쟁시대에 지친 우리들은
이제 어떻게 사는 것이 행복한 삶인가에 대해 고민한다.
최근 유행처럼 번지는 인문학 열풍이 그 반증이라 생각한다.
   우리의 삶을 변화시키는 가장 중요한 수단이 우리가 살아가는
집이라고 생각한다. 이런 점에서 이 책은 서점의 건축분야가

아닌 인문분야에 놓여야 한다. 머리로 풀 수 없는 많은 혼란과
갈등이 따뜻한 사람의 온정으로 쉽게 풀릴 수 있다고 확신한다.
이 책은 보다 나은 삶을 고민하고 갈망하는 이들에게 희망의
씨앗이며 차안(此岸)에서 피안(彼岸)으로 나아가는 용기의
비타민이다.
　　서두에 말한 것처럼 집은 한 개인, 한 가족만을 규정짓는 공간이
아니다. 집은 어딘가 기대어 모여 사는 것이다.

성상우

함께 지은이

나카 도시하루 仲俊治

1976년 교토京都부 출생, 건축가,
도쿄대학東京大学 대학원 공학계연구과 건축학과 수료 후
야마모토리켄설계공장을 거쳐 2009년부터
건축설계사무소 모노브몬Monobmon 주재,
2009-2011년 요코하마국립대학橫浜国立大学 대학원
Y-GSA설계 조수.

건축 작품: 사이노이에, 백마의 산장 외.

마쓰유키 데루마사 松行輝昌

1972년 출생, 경제학자,
2008-2011년 요코하마국립대학 벤처비즈니스
래버러토리Laboratory 강사, 도요대학東洋大学
국제공생사회연구센터 객원연구원 등을 거쳐
현재 오사카대학大阪大学 학제學際 융합교육연구센터
준교수, 전공은 미크로경제이론, 산업조직론,
기업가정신Entrepreneurship.

공저:『소셜이노베이션』(마루젠출판)

무라카미 스미나오 村上處直

1935년 아이치愛知현 출생, 도시계획가,
1965년 도쿄대학대학원 수료 후
1970년 방재도시계획연구소 설립,
요코하마국립대학橫浜国立大学 교수,
와세다대학早稲田大学 객원교수를 거쳐
현재 방재도시계획연구소 회장.

스에미쓰 히로카즈 末光弘和

1976년 에히메愛媛현 마쓰야마 松山시 출생, 건축가,
도쿄대학대학원 공학계연구과 건축학과 수료 후
이토도요伊東豊雄 건축설계사무소를 거쳐 2007년부터
SUEP주재, 2009-2011년 요코하마국립대학대학원
Y-GSA설계 조수.

건축 작품: 땅 속의 주거, 코카게 외.

도판 출처

일러스트레이션

가모이 다케시鴨井猛   44-57, 116-117

나카타 마사미中田雅實   44-57(일러스트레이션 원안),
68-69, 77

다나카 구니아키田中邦明   70-71, 80-81

다마타 마코토玉田誠   표지, 38-43, 72-73, 87, 90-91

마나베 유리真鍋友理   36-37, 64-67

사에키 료타佐伯亮太   62-63, 106-107

야마나카 슌지山中俊治   73(CV스케치)

사진

기타무라 미쓰타카北村光隆   82-85, 88, 92-93(모형사진),
113, 145

김용부   169(위)

남궁선   170-171, 175-179

사타케 고이치佐武浩一   162-163, 166

야마모토리켄설계공장   167, 168(오른쪽 아래), 169(아래),

전원건축   168(왼쪽 아래)

정제일   168(위)

후지쓰카 미쓰마사藤塚光政   65, 74-78(모형사진)